以道启心

以心启智

以智启悦

悦动人生

MULTIMEDIA PRINT READER MPR www.mpreader.com

以心启智 悦动人生

广州市黄埔区启智学校悦融教育理论与实践

曾伟冰 主编

暨南大学出版社
JINAN UNIVERSITY PRESS

中国·广州

图书在版编目（CIP）数据

以心启智　悦动人生：广州市黄埔区启智学校悦融教育理论与实践/曾伟冰主编．—广州：暨南大学出版社，2022.9
ISBN 978－7－5668－3470－6

Ⅰ．①以…　Ⅱ．①曾…　Ⅲ．①智力障碍—儿童教育—特殊教育—教学研究
Ⅳ．①G764

中国版本图书馆 CIP 数据核字（2022）第 146072 号

以心启智　悦动人生：广州市黄埔区启智学校悦融教育理论与实践
YIXIN QIZHI　YUEDONG RENSHENG：GUANGZHOUSHI HUANGPUQU QIZHI XUEXIAO YUERONG JIAOYU LILUN YU SHIJIAN
主编：曾伟冰

出 版 人：张晋升
责任编辑：黄文科　高　婷
责任校对：刘舜怡　黄晓佳
责任印制：周一丹　郑玉婷

出版发行：暨南大学出版社（511443）
电　　话：总编室（8620）37332601
营销部（8620）37332680　37332681　37332682　37332683
传　　真：（8620）37332660（办公室）　37332684（营销部）
网　　址：http：//www. jnupress. com
排　　版：广州尚文数码科技有限公司
印　　刷：佛山家联印刷有限公司
开　　本：787mm×1092mm　1/16
印　　张：12. 25
字　　数：220 千
版　　次：2022 年 9 月第 1 版
印　　次：2022 年 9 月第 1 次
定　　价：49. 80 元

序　一

在黄埔区启智学校十周年校庆之际，笔者非常荣幸能为《以心启智　悦动人生：广州市黄埔区启智学校悦融教育理论与实践》作序。2015 年，笔者初见黄埔区启智学校，当时该校仅建校三年，办学条件艰辛，校园是租用的场地，校内设施简单，师资队伍力量薄弱，办学经验缺乏。尽管硬件不尽如人意，但是曾校长招来了一群志同道合的特教老师，他们以拳拳赤子之心决意改变学校现状，追逐自己的教育梦想。

笔者与启智学校的青年老师们一起工作，大家从改造环境入手，对操场、教室、功能区等场所进行升级改造，保障学生有舒适的学习环境；又积极打开大门，引导学生参与社会各类艺术活动、体育活动，让学生在社会的舞台上习得技能、享受快乐，让社会大众看见学生闪光的一面。

随着建设教育强国的步伐，特殊教育作为推进教育公平的一环越来越得到关心和重视，“办好特殊教育”向特教人提出了更高的要求。一所学校的长远发展离不开顶层设计。曾校长带着学校教学骨干团队与笔者围绕顶层设计进行寻根探索、反复辩论，思考学校的改革方向、教师的专业发展、学生的未来生活品质，一场从内到外的全新改革在黄埔区启智学校开始了。曾校长首先提出“以学生为中心”这一核心，将改革的关键点放在“文化”“课程”两个环节。经过多次讨论与实践，黄埔区启智学校凝练出“悦文化”这一特色校园文化概念。为了让“悦文化”发挥更好的效用，学校同人不断培训、学习，坚持理论与实践相结合，并设立了不同阶段的工作目标，旨在让特殊儿童能在专业指导下学到适合他们的内容。我们惊喜地发现，在“悦文化”的推动下，学生比以前更爱上学、更喜欢老师了，各项能力比以往有了较好的转变。“悦文化”也逐渐渗透进学校的各个方面，形成了学校的特色。

“悦文化”初见成效后，学校面临了新的疑惑：如何深化和提升“悦文化”

的内涵，达成“四好合格公民，享受悦生活”的育人目标。于是，启智团队反复研读国家相关教育政策与《培智学校义务教育课程标准》，结合“悦文化”内涵与学校发展实际，并加入融合教育的理念与方法，打造出具有本土特色的校本课程——“悦生课程”。把知觉动作当作教育的基础，把生活品质当作课程渗透的内容及追求的目标，用支持的手法为途径帮助学生成长。在“悦生课程”构建过程中，学校培养了许多新生代骨干教师，师资专业化水平提升的同时，“悦生课程”的品质也有了质的飞跃。随着“悦生课程”的系统构建，黄埔区启智学校的改革进入了新阶段。

启智学校的同人不断改进“悦生课程”，使之更符合教学实际与学生教育需求，更好地为学生个别化地拟定学习和发展方向。在多元的课程学习中，学生尽情地探索自己的兴趣，尽情地拓展自己擅长的事物，尽情地享受校园生活。“悦生课程”的不断完善为“悦文化”增添了更丰厚的内涵，启智学校的改革办得有声有色。

笔者的恩师杨元享先生曾说：“尊重生命的要点是，不将存有生命的个体，区分为有用与无用，有价值与无价值的生命，而是给予个别化的对待。‘尊重生命’的唯一理由是因为他是生命。”启智学校正是以此为哲学原点，循序渐进地推进“悦文化”，并以办学宗旨“提供有效的学习机会，以利未来独立生活”为引领，引导着学生在实践中理解社会的交往规则以及习得与环境匹配资源的技巧，逐渐成为自主的快乐公民。在校园中，笔者看到一幕幕情景，心中会涌起一股暖流——例如，在新冠肺炎疫情防控期间，学生在校内核酸检测活动中安静、有序地排队；在“悦文化”活动或庆典上，每一个学生自信地展现自己的风采；在不同的主题教学活动里，学生靠自己的大脑和双手进行创造……

“悦文化”的硕果不仅结在校内，也结在校外。通过多年的实践与渗透，家长认同了“悦文化”的内涵，在家校互动中践行“悦生课程”的要求。“悦生课程”在家庭教育、社区教育中落地，预示着“悦文化”走出了学校，家校共育之花热烈绽放。

如今，在建校十周年之际，黄埔区启智学校搬入新校舍，开始新的征程。进入“十四五”时期，我们迎来了“建设高质量特殊教育体系”的新使命，而广东发布的《广东省“十四五”特殊教育发展提升行动计划》也表明了广东对于高质量发展特殊教育的决心，特殊教育学校将大可作为。期待启智学校能够在黄埔区特教领域发挥更多的功能，如让随班就读的教师更清楚帮助特殊儿童的方法，并且帮助他们在“悦生课程”的实践中掌握更多技能，更顺利地进行 IEP 的对接及实现有效目标；在融合教育环境里，与普通学校进行更广泛、深入的合作，走向更专业的领域，让特殊儿童能享受“悦生活”。

笔者与启智学校结缘七年以来，见证了启智人的辛勤付出，也见证了这所学校与时代发展的同频共振，而笔者未来亦会与启智学校同向而行。行文至此，笔者借用杨元享先生的话送给启智学校的同人们：“人类有一种精神力量，要使这个世界，成为比他们生来时，更为美好的地方。”让我们一起以爱的名义做特教路上幸福的奋斗者，和特殊儿童共同打造一个美好纯粹的世界，享受多彩多姿的春夏秋冬吧！

鲍亦君

2022 年 8 月

（鲍亦君，台湾地区资深特殊教育专家）

序　二

“让每个孩子都有人生出彩的机会”，在2021年政府工作报告中，这句铿锵有力、温暖坚定的话让无数特教人备受鼓舞。近年来，国家出台了多项方针政策，不断推进特殊教育事业发展，特别是进入“十四五”阶段，“高质量”成为办好特殊教育的关键点。特殊教育作为义务教育的重要组成部分，承担着培养启迪特殊儿童智慧、让特殊儿童未来以最少限制融入社会的重任，是特殊儿童人生路上的希望之光。

在融合教育的环境下，如何让特殊儿童接受适合的教育、如何推动特殊教育高质量发展成为特教人亟待解决的问题。十年前，为保障区域内特殊儿童享受教育的权利，广州市黄埔区教育局决定筹建黄埔区启智学校。在当时区域缺乏特教办学经验、缺少特教师资、缺少经费等艰难条件下，笔者怀着“为特殊儿童提供适合的教育”的教育使命，与学校同人共同接下黄埔区启智学校的办学任务。十年来，笔者与学校同人积极探索，秉承“不忘初心，益以新创”的启智精神，致力于学校环境、办学文化、教育课程、实践活动、专业团队等各方面的开拓创新，以“悦文化”引领学校健康发展，努力使学校成为一所学生喜欢、家长满意、教师幸福、社会认可的专业化特殊教育学校，为区域特殊教育的发展添砖加瓦。

在学校的发展过程中，“悦”是学校的办学灵魂，寄托了笔者与悦师团队的教育初心——为了孩子们未来的幸福，着眼于孩子们及家人终身生活品质的提升。一方面，学校位于广州市内，广州的简称“粤”在粤语和普通话中皆与“悦”同音。“悦”首先点明了地理位置，融合了地域文化特色——广州的包容性给人们带来愉悦的感受。另一方面，“悦”字的竖心旁代表心灵的喜悦，右下角的“儿”字代表学校的服务对象是儿童，右上角像是儿童哈哈大笑的脸，意为通过“悦文化”教育，使孩子们获得从内到外、身心合一的愉悦，享受更好的生活品质。在“悦文化”思想下，我们坚持“以道启心，以心启智，以智启悦，悦动人生”的办学理念，创建了“悦融教育”，构建了“三悦课程”体系，开发了一系列符合特殊儿童的校本课程与教材，坚定地走在为特殊儿童“提供有效的学习机会，以利未来独立生活”的道路上，收获着硕果殷实的喜悦。

随着多年的努力，“悦文化”已成为学校深入人心的标志，“悦生课程”也成为学校的一面特色旗帜，在学生学习和生活中发挥着强有力的育人作用。在办学十周年的新起点上编本书，既是展示学校多年的教学成果和学生、教师、学校的发展面貌；又是总结过往的办学经验，以期更好地指导学校下一阶段特殊教育质量的提升。“办好特殊教育”是党和国家、人民的殷切希望，作为特教人，我们将继续以高度的政治责任感和使命感，深耕特教一线，用心打造专业化特殊教育，用爱与温暖为区域特殊儿童托起美好的明天。

曾伟冰

2022 年 8 月

目 录

CONTENTS

第一章

“悦文化” 浸润下的悦融教育

理论和实践部分：曾伟冰　黄欢红　陈　桦

第一节 追本溯源，理念植根

在党的十九大报告中，习近平总书记指出，办好特殊教育，努力让每个孩子都能享有公平而有质量的教育。这是新时代举办特殊教育的根本遵循。随着我国迈向全面建设社会主义现代化国家的新征程，建设教育强国、加快教育现代化、办好人民满意的教育，都对特殊教育的发展提出了新的更高的要求。2021 年教育部等部门联合发布《“十四五”特殊教育发展提升行动计划》。2022 年 7 月，广东省发布《广东省“十四五”特殊教育发展提升行动计划》，提出初步建立高质量的特殊教育体系，深化课程教学改革，全面推进网络资源平台应用，基本建立课程教学资源体系和质量监测评价体系，全面推进融合教育，加强特殊教育教师队伍建设等总体目标。广州市黄埔区启智学校就是在 21 世纪以来国家大力推动特殊教育的背景下诞生与发展的。

广州市黄埔区启智学校成立于 2012 年 9 月，为黄埔区九年义务教育智力障碍学校。学校主要接收智障、脑瘫、自闭症、多动症、情障乃至多重残障的特殊学生。十年来，学校坚持从满足特殊学生全面、多元、个性发展的需要出发，围绕核心素养的培养，积极推进个别化教育。近年来，学校挖掘地域资源，结合中西教育理论，传承启智办学传统与教育精神，发展“悦文化”，并以此为滋养，创建悦融教育，坚持“以道启心，以心启智，以智启悦，悦动人生”的办学理念，构建三悦课程体系，开发一系列符合特殊儿童的校本课程与教材，为特殊儿童“提供有效的学习机会，以利未来独立生活”。

一、以文史为泉，以文化人

“问渠那得清如许，为有源头活水来。”十余年的特教实践表明，要让启智学校的悦融教育之水清澄，地域文化资源便是那奔涌不绝的源头活水。因此，学校在创建“悦文化”的过程中，始终不忘挖掘地域资源，以文史为泉，以文化人。

首先，学校地处海上丝绸之路的珠江河畔。广州自古以来便是中国国际贸易、对外交流的重要港口，开放、包容、融合等思想早已铭刻在绵延数千年的文化精神基因中。

其次，学校毗邻黄埔军校。黄埔军校爱国爱民、自强不息、自由平等、兼容并包的精神，为新中国培养了一批批为中华民族崛起而奋斗的少年学子，创造了一个个历史传奇。

再次，波罗诞等鲜活的区域民俗文化滋养了一代代黄埔子女。热闹非凡的庙会活动传承了各种民俗文化精髓，洋溢着民间文化、生命的活力与快乐。启智学校的悦融教育正是吸取了海上丝绸之路、黄埔军校的平等、开放、融合等精神灵魂，与地域民俗文化的生命活力而形成的。

学校充分挖掘地域文化资源，不仅在学生课程中利用地域优势，与社区、家庭三方协作，渗透了地域文化教育，还在校园文化建设中加入了地域文化元素，如波罗鸡坊、风雨连廊等，使学生在无形中接受了文化熏陶。学校还注重挖掘地域文化资源，并将其融入课程中，通过主题教学的实施，引领学生从课堂走向社会，充分感受文化之美。

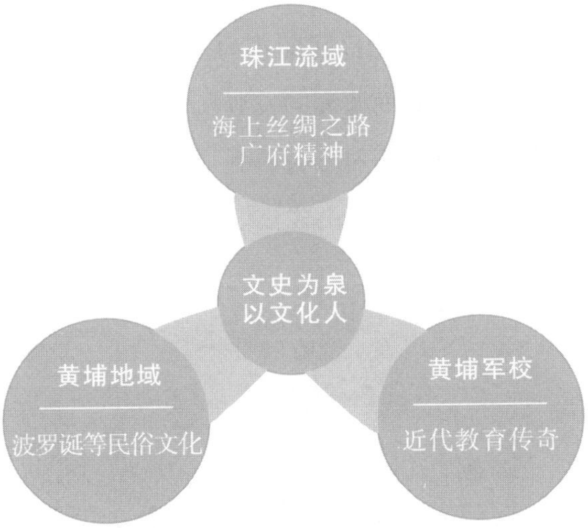

图 1－1　启智学校地域资源

二、以学理为据，中西融合

新时期创办特色学校需要在认识自身的基础上，寻找学校办学的客观规律。由于每所学校之间主客观条件不同，教育资源不同，学校办学规律也是不同的。可以说，学校“特色”源于学校对本身教育资源和办学客观规律科学而独到的认识。启智学校在当地文化资源基础上，以马克思的人的全面发展理论为核心引领，融合近现代相关教育理念，并进行整合，凝练出基于个别化教育的悦融教育。

（一）以人的全面发展为核心引领

马克思关于人的全面发展理论指出全面发展的人是精神和身体、个体性和社会性得到普遍、充分而自由发展的人。人的全面发展最根本是指人的劳动能力的全面发展，即人的体力和智力的全面、和谐、充分、统一的发展，也包括人的才能、志趣和道德品质的多方面发展。2018 年 9 月 10 日，习近平总书记在全国教育大会上指出，“要培养全面发展的人，努力构建德智体美劳全面培养的教育体系”。此后实现德智体美劳全面发展作为我国当下及未来一定时期内教育事业发展的方向和目标，是马克思关于人的全面发展理论中国化在教育领域的实践成果。

从发展的内容看，人的全面发展是人的个性化和社会化的发展。就个人而言，全面发展强调的是人的个性化程度即作为个体的人在各个方面的全面发展，包括物质生活和精神生活的全面而协调的发展。马克思关于人的全面发展理论的内涵包括三个层次，它们是分别相对于自然界、社会和人自身来说的人的劳动能力、人的素质和潜能、人的社会关系的发展。

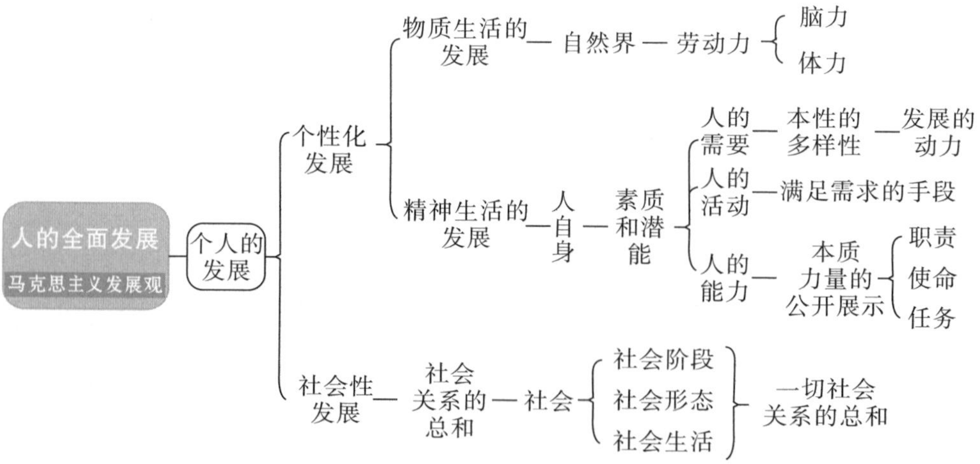

图 1－2　人的全面发展理论结构

人的全面发展是没有分别的，无论普通人的教育还是残疾人的教育，终极目标都应该是促进其自身全面发展的教育。

在新课程改革不断深化的背景下，学校将人的全面发展作为特色教育的目标引领，以学校课程建设的不断优化为实现路径。而立足人的全面发展理念推动学校课程建设既是学校课程发展的应然走向，也是新时代发展、国家现代化建设、社会发展和教育改革的共同使命。

悦融教育以人的全面发展为核心，着眼于现实中的、具有鲜活生命的、发展着的特殊儿童的生活品质。学校在校园文化和特色教育建设中，在将“人”置于首位的基础上，深刻体现关怀特殊儿童的生命立场，着眼于特殊儿童的现实发展问题。

在以人的全面发展为核心，马克思主义需要理论的引导下，悦融教育关注特殊儿童现实的三大需要，这是解决现实需要，促成特殊儿童全面发展的重要论据。自然性需要是指基本生存技能和生活自理能力。精神性需要是指自我决策能力和最高幸福感的来源即社会贡献，不单指经济的价值，还有更宝贵的人文价值。社会性需要指社会参与和社会融合，即参与社会活动的广度和融入社会生活的深度。

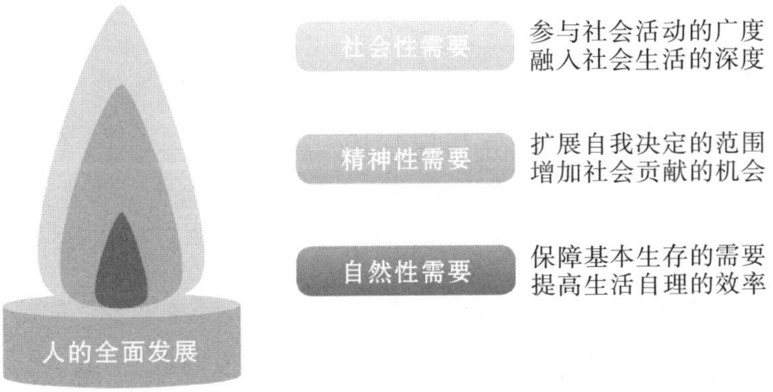

图 1－3 悦融教育关注特殊儿童的现实需求

（二）以近代教育理论研究为支撑

除了以人的全面发展为核心引领，学校梳理整合了全人教育理论、文化陶冶理论、生活教育理论、多元智能理论、融合教育理论，并进行论证，确立基本思想。

1. 全人教育理论

世界著名教育家小原国芳最早提出全人教育理论，他将其表述为：全人教育就是塑造“完善的人”的教育，也是“全人格”的教育，人的多方面和谐发展的教育。植根于全人教育理念，重视特殊儿童的全面发展。倡导以人为本、尊重差异、尊重潜能的理念，致力于培养特殊儿童适应生活的能力。

2. 文化陶冶理论

文化世界是一个以人为本体的世界，是一个以人的意向性为动力和指向的世界，是一个以人的活动为基本运动方式的世界。文化本身具有人文性质和人文精神。“观乎人文，以化成天下”（《周易·贲卦·彖传》），阐述了文化与人文的内在一致性。文化陶冶是教育的本质，学校的一切都可以被看作是文化，因为学校的唯一功能是对学生的精神进行陶冶。文化陶冶理论从人的生命世界和精神生活出发，把陶冶看作精神文化建设的基本途径。在这一视野下，学校文化生活的外在形式和丰富内容，只是精神文化建设的一种重要资源，而不是最终目的。只有通过学生自己的生命体验，才能使这些资源成为精神文化建设的组成部分。悦融教育充分挖掘地域文化，结合优势资源，让学生通过参与丰富多彩的教育活动，充分体验生活，丰富自身的生命体验，从而达到以文化人。

3. 生活教育理论

教育家陶行知先生提出“生活即教育”，即以生活为中心的教育。他说：“生活教育是生活所原有，生活所自营，生活所必需的教育。教育的根本意义是生活之变化，生活无时不变，即生活无时不含有教育的意义。”其理论包括三个基本观点：生活即教育，社会即学校，教学做合一。

悦融教育就是基于这种理念的一种生活教育，强调从“知、能、行”三个维度去培养学生，使其学会生活、热爱生活、融入生活、创造生活，从而享受高品质的生活。

4. 多元智能理论

该理论认为，多种智能在不同学生身上都是存在的，但不是每个学生身上的智能结构都是一样的，且每个学生智能的优势领域也不一样，所以其认识世界的方式也不一样。其对教育的启示是，学生的智能结构是自然存在的，教育应根据学生的优势智能进行，对具有不同智能结构的学生采取不同的教育方式。特殊儿童虽然某一方面的能力存在缺陷，但同样存在其他的优势智能。

悦融教育正是基于其对教育的积极意义，坚持基础性与差异性、补偿缺陷与开发潜能并行，充分挖掘特殊儿童身上的优势智能，以优势带动弱势，根据每个学生的特点，采取不同的教育方法，让每个学生的潜能得以充分发挥，其他智能也联动得以更好地发展。

5. **融合教育理论**

自20世纪70年代以来，融合教育（Inclusion）逐渐成为全球特殊教育领域讨论最热烈的议题，对我国特殊教育理论与实践逐步产生深刻的影响。融合教育是继“回归主流”教育理念后的特殊教育理论。融合指的是让大多数特殊儿童进入普通班，并增进其在普通班学习的一种方式。融合希望能合并普通系统及特教系统，建立独一的系统以管理教育资源，并希望将不同种类班级的学生融合在一起。融合教育过程可能要求对教育的内容、教学的方法进行变革以更好地适应所有具有个体特征的儿童的需求，所以在国外主要采取缩小班级规模、增加辅导教师等方式。融合教育改变了过去仅仅从医学的角度来给儿童贴标签以让儿童到隔离的特殊教育场所接受教育的做法，其尊重个体的差异，实现儿童个体特征的独特展现。悦融教育是在吸收融合教育的基础上，通过普特融合主题活动、学生进普校课堂活动等，积极助力普特融合，使特殊儿童能够更好融入生活与社会。

三、以初心为信，益以新创

启智学校的精神是：不忘初心，益以新创。不忘初心，即启智学校以学生为本位，坚持“提供有效的学习机会，以利未来独立生活”的初心，以提高特殊儿童的生活品质为追求。益以新创，即秉持开拓创新的黄埔精神。在西学东渐、救亡图存的晚清民国时代，广州得风气之先，发起振兴救国的最强音。黄埔军校的开创，培养了许多在抗日战争中声名鹊起的优秀军官，为抗战胜利作出了贡献。直至今天，黄埔也成为广州市各个发展领域的排头兵，在科技创新等方面不断刷新历史纪录。在黄埔精神引领下，启智学校教师秉持特教初心，坚守特教梦想，充满创新活力，在特教上不断创新突破，精益求精，为特殊儿童“提供有效的学习机会，以利未来独立生活”。

2016 年，国家培智新课程标准出台，学校进入个别化教育落实的新思考。2018 年学校完成“悦文化”顶层设计，构建校本“悦生课程”，走上“悦文化”特色教育之道。

学校“悦文化”的形成与实施，经历了五个阶段：①学校基于理论研究、案例借鉴，结合地域文化、学校实情，积极实践探索，经历过校长理念的交融与引领，思考设计、科学规划、梳理与提出以“悦文化”为底蕴的悦融教育；②全员观念的更新与共识，对话学习以“悦文化”为底蕴的悦融教育；③全员行动的先行与尝试，创新认可以“悦文化”为底蕴的悦融教育；④科研理性的跟进与指导，深入实施以“悦文化”为底蕴的悦融教育；⑤成果形成与积极推广。

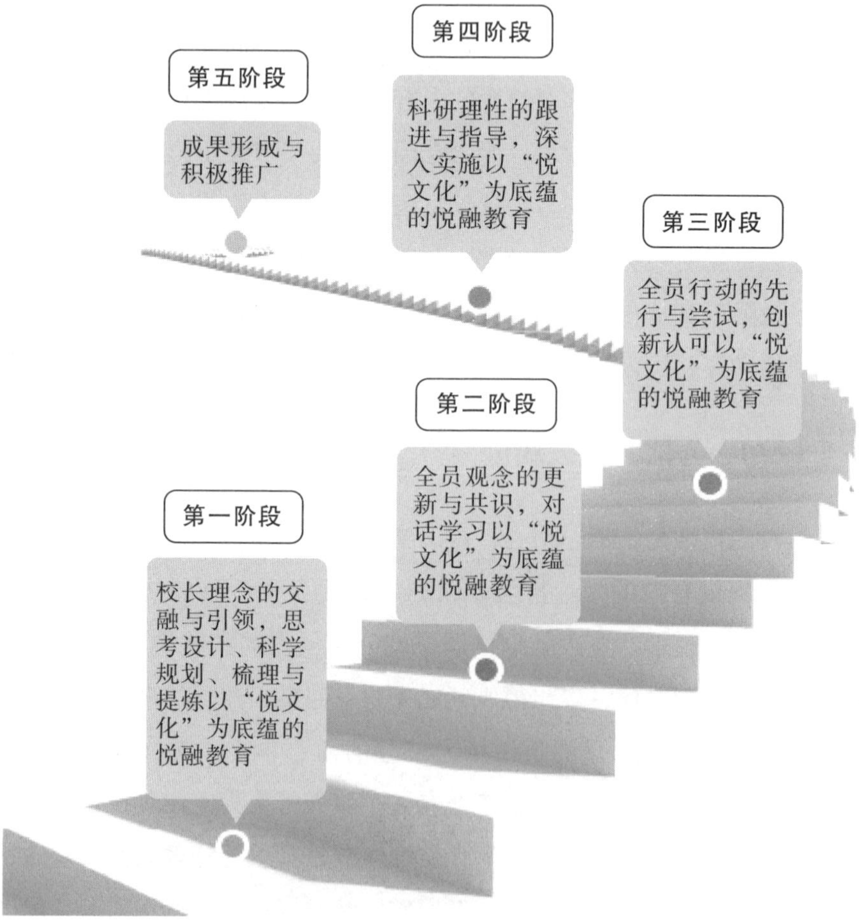

图 1-4 “悦文化”的发展阶段

总的来说，学校不断尝试挖掘地方资源，整合中西教育理论，结合校情，融合创新，提炼“悦文化”，创建悦融教育。如今悦融教育已经进入成果的形成与推广阶段，对近年来的教育实践成果加以整理、归纳，以探索出特殊教育的特色教育建设之路。

第二节 行远自迩，构建体系

学校紧紧围绕特殊儿童适应现在生活以及面对未来生活应具备的知识、能力与态度这一核心素养，确定办学宗旨是“提供有效的学习机会，以利未来独立生活”；办学理念是“以道启心，以心启智，以智启悦，悦动人生”；育人目标是“四好合格公民，享受悦生活”；办学目标是“成为学生喜欢、教师幸福、家长满意、社会认可的专业化特殊教育学校”。

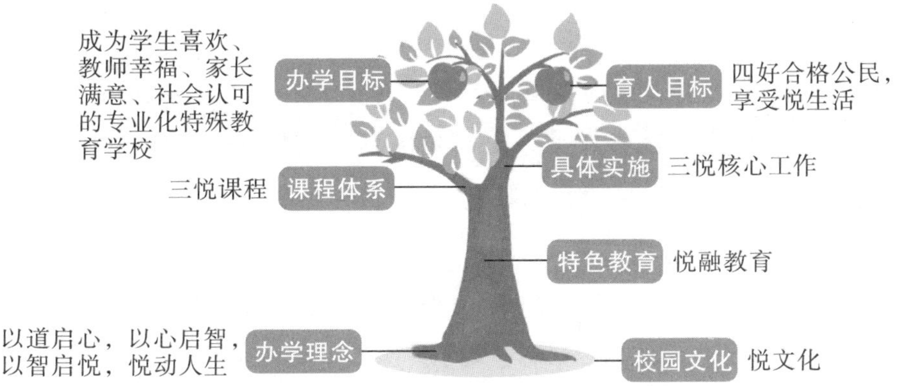

图1－5 悦融教育理念体系

一、校本拓新，赋予“悦融”新能量

个别化教育、融合教育等理念并非新概念，“悦”和“融”也并非新词，学校在理清校情的基础上，融合当地文化，创造性地提炼出“悦文化”和悦融教育，并进行校本拓新，由悦到融，因悦而融，赋予“悦融”新能量。

悦融教育

特殊儿童在身体、心智、精神上得以愉悦舒展，才能融入生活和社会，才能融会贯通，成为德智体美劳全面发展的合格公民

悦 —— 由悦到融，因悦而融 → 融

- 身悦：身体上得到有效复健
- 智悦：心智上得到开发和启智
- 心悦：精神上接纳自我，拥抱世界

- 融入：融入生活，启智培能；融入社会，建立自我
- 融合：融合五育，实现全面发展
- 融通：融会贯通，打造情感共同体

图 1－6　悦融教育理念阐释

（一）“悦”的字源演变与校本诠释

“悦”的本义为高兴、欢乐、喜悦。《说文解字》无“悦”字，而有“说”字。据段玉裁注：“说、悦、释、怿，皆古今字。许书无悦、怿二字。”古代经典中“说”“悦”通用，早期典籍中多用“说”，兼表言语行为和心理活动之“喜”，含义为高兴、喜悦。其后“说”逐渐在使用中被“悦”所替代，“悦”是专门表示心理活动的后起字。如《尔雅·释诂上》：“悦，乐也。”《广韵·释诂一》：“悦，喜也。”此外，“悦”还引申出两个新义项，分别是“喜爱，爱慕”和“悦服”。《尔雅·释诂上》：“悦，服也。”“悦”表示“信服，悦服”义，说明人在内心喜悦时容易产生悦服心理。

悦融教育的“悦”不仅是对事物有所喜爱、对生活有热情，还是一种愉悦的心理，乃至享受生活的精神状态。对于特殊儿童及其家庭而言，学习、生活多少与其他普通家庭不同，但这并不意味着他们就要背负沉重的负担，学校以“悦”为题眼，是希望通过特殊教育帮助特殊儿童不仅在身体上得到有效复健，在心智上得到开发和启智，在精神上也能接纳自我，拥抱世界，享受生活，达到“悦”的理想状态。

（二）“融”的多层含义与校本诠释

《说文解字》：“融，炊气上出也。”融，炊气上出而熔合销化，本义是固体受热变软或化为流体，即融化。其后引申为融合、流通、通达、明亮、昌盛、和乐、和煦等多义。

悦融教育中的“融”，简而约之为“三融”，即融入、融合、融通。

首先是要融入。一是让特殊儿童融入生活，在生活中启智培能。二是让特殊儿童融入社会，参与社会生活，在社会中培养能力，建立自我。

其次是融合，悦融教育强调融合五育，实现全面发展。在“育什么人”“为谁育人”等已然明晰的情况下，“怎样育人”以及如何提升“育人质量”，成为未来中国教育改革亟须回答的重大问题。通往“育人质量”提升的路径多种多样，其中“五育融合”已成为新时代中国教育最值得关注的发展方向和路径之一。“五育融合”强调人的成长发展，不仅是全面发展，更是融合发展。每一种教育教学行为，都同时包含了德智体美劳的可能性，都可能对孩子的生命成长具有综合影响，“各育”的成长效应往往是相互贯穿、相互渗透、相互滋养的，即产生融合效应。

再次是融通。融会贯通，是培养学生生活、学习能力的重要目标。关键是打造情感共同体，“融”强调“情怀包容、情感融合、知识融会”。对于特殊儿童，要在情怀上包容和接纳他们，和他们在情感上建立亲密的联结、产生融合，使其愉悦地接受教师和同学，参与教学活动，从中感受人与人的情感，体验生命，实现大同。

（三）由悦到融，因悦而融

心理学认为，热闹欢腾的环境氛围或外界事物可以影响人的心理变化，使之产生愉悦的心情；人在喜悦的心理状态下，常会自然地做出相应的行为动作，心理状态也常会随之继续产生变化。基于此，启智学校尝试从“悦”为因、“融”为果来具体阐释“悦融”的内涵。

1. “悦”为因

当人的心理情绪处于愉悦欢乐的状态时，会自然而然地做出相应的外化行为或动作，以体现自身的内心情绪。人在喜悦的心理情绪下，除会有相应的外化行为表现外，心理也会随之发生相应的变化，即“喜而服从”。基于此，“悦”的内涵为“悦服”，特殊学生在校园学习生活中是信服的。人会因内心的喜悦情绪而对某事物产生“喜好”心理，又会因内心喜好得到满足而心情愉悦，两者互相影响、互为融通。基于此，“悦”的内涵为“喜好”，特殊学生在校园学习生活中是有个人喜好的。这与王艮的《乐学歌》：“人心本自乐，自将私欲缚。私欲一萌时，良知还自觉。一觉便消除，人心依旧乐。乐是乐此学，学是学此乐。不乐不是学，不学不是乐。乐便然后学，学便然后乐。乐是学，学是乐。呜呼！天下之乐，何如此学！天下之学，何如此乐！”有异曲同工之妙。

2. “融”为果

人的心情常会受到外界事物的影响，随之发生变化，滋生出相应的心境，即人的五感是相通的。当周围的事物或环境氛围是热闹欢腾、轻松愉快的，可以带给人身心舒畅的感受，使之内心喜悦。而人的心情变化与自身的行为处事也有较大关联，做出的某种行为可以怡身养性、陶冶性情、舒缓身心，进而增加喜悦的心情。“悦”的内涵为“喜悦”，特殊儿童在校园学习生活中是喜悦的。

从“悦”到“融”递进，因悦而融，无论是对于普通儿童还是对于特殊儿童来说，融的过程都是一个不断提升自我的过程，是激发并张扬人的主体意识的过程。

（四）悦融教育的特质内涵

“悦文化”引领下的悦融教育具有四大特质：一是根植学校文化，以“悦”为基因，以人为本、面向未来；二是着眼核心素养，融合多元资源；三是创新学习方式，个别化、多元化；四是创建校园生态，建设悦学习、悦生活、悦成长的乐园。

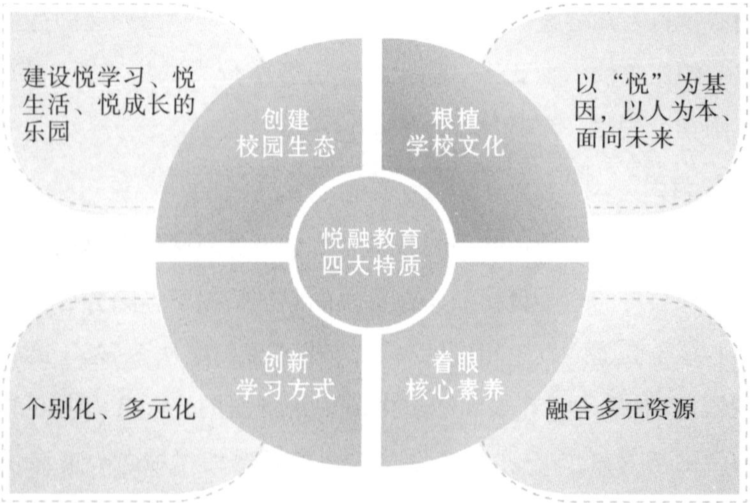

图1－7　悦融教育的特质内涵

总的来说，悦融教育的目的是培养具有健康人格的学生，而健康人格的基础就是情感的培养。激发学生内在的学习动机，是一种自我的教育，这个过程其实是学生走向全面的发展。悦融教育是体现了和谐、人文、可持续发展等思想的一种现代教育观，引导师生“崇尚自然、关爱生命、尊重人性、和谐发展”，拥有“融爱、融德、融和、融美”品格。悦融教育具有促进儿童的个性化发展的价值，主要体现在它促进儿童的主体意识的发展，促进儿童的个体特征的发展，以及促进儿童价值的实现等方面。

二、集思广益，提炼“悦融”体系

学校集思广益，凝练了以“悦”为题眼的一训三风。校训为“悦纳、融心、启智”。教育从接纳开始，教育者尤为需要从内心真正接纳特殊儿童，才能走进他们的心灵、挖掘他们的潜能，从而打开他们的智慧之门。

在“三悦”核心工作中，努力追求品质之悦，实现从小悦到大悦的蜕变。

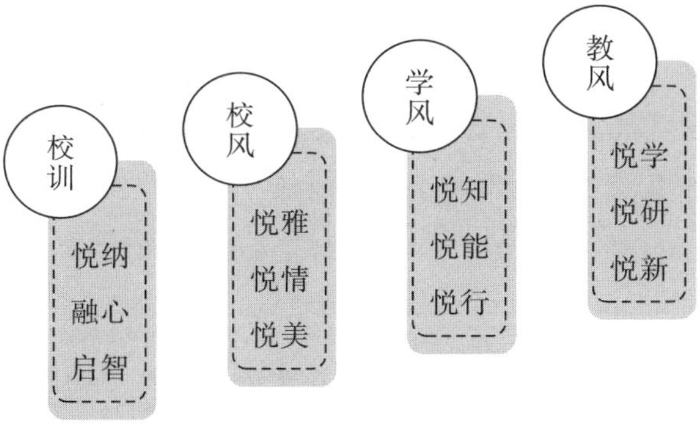

图 1－8 一训三风

（一）校风：悦园融文

校风是悦园融文，分为悦雅、悦情、悦美，即建设一个文化馨香、赏心悦目、充满美好和谐以及人文关怀的安全校园。

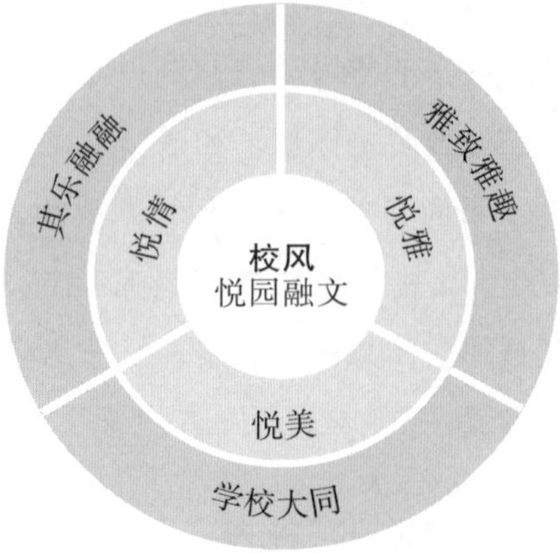

图 1－9 校风：悦园融文

1. 悦雅：雅景、雅言、雅行，以致雅致雅趣

学校处处彰显着科技与文化共融的雅景。每个人、每棵草、每束花、每间教室都是学校雅景当中的一角。“悦读角”传承玉岩书院、横沙书香节的读书传统；波罗鸡坊描绘着千年庙会的盛况；风雨连廊传递着新丝绸之路的沟通与包容；电脑室里连接着黄埔科技的力量。

学校处处充满着雅言。语言是人与人之间沟通的桥梁。既言之有理，又言之有情；既有轻声细语，又有欢声笑语。“老师，您好”“老师，您辛苦了”“加油”“真棒”“你可以”“好美”……让耳朵收获了像“吃了泡芙”般的柔软，雅言温暖你我。

学校处处展现着雅行。通过《礼貌歌》《安全歌》等朗朗上口、通俗易懂的童谣，师生们护安全、懂礼貌，都以积极正向的行为待人接物，雅行满校园。

雅致雅趣，是启智学校的日常生活状态。

2. 悦情：融化、共融、融合，以致其乐融融

学校一直注重破冰活动。每当客人来访，学校会通过鼓圈、融合足球等活动进行破冰，让学生与客人玩在一起，建立心的连接。在破冰活动中打破隔阂，增进学校与社会的联系，让人与人之间的坚冰在温暖活动中融化。

学校一直以来都致力于师生共融。通过在日常生活中同吃同睡，在讲故事比赛、舞蹈比赛等活动中同台表演，在教育教学中共成长等方式，使教师与学生水乳交融。

学校一直铭记融合主方向。在每年的自闭症日、唐氏综合征日、六一儿童节、植树节、迎新年等节日，学校会进行普特融合主题活动；同时，学校每学期也会组织学生进普校课堂参加活动，积极助力普特融合。

其乐融融，是我们的关系追求。

3. **悦美：各美其美、美人之美、美美与共，以致学校大同**

各美其美体现的是追求。教师、学生、家长以及社会各界人士都各司其职，各美其美，做最好的自己。学校通过“个人奖项申报”“最美启智人”等活动提升教师美；通过“美德少年”活动助力学生美；通过“最美家长代表”活动促进家长美；通过“最美志愿者”活动成就社会美。在活动中，大家都不断地进行自我提升，变得更美。

美人之美体现的是关系。学校通过“亲密之旅”“正面管教”等课程更新大家的理念，提升大家美人之美的能力。提倡大家用发现的眼睛挖掘身边人的闪光点，运用鼓励、赞美等方式，通过写明信片、慰问演出、对外捐助等具体形式，点赞他人的美，助人更美。

美美与共体现的是样态。具体表现为师生之间在艺术节、讲故事比赛等活动中，同台共美；家庭与学校在家长开放日、家长培训等活动中加强联系，并以家长联系手册等方式密切联系，齐心协力促进学生发展，同育共美；学校与社会在助学助教、志愿服务中，并肩携手，一起活动在特殊教育路上，同行共美。

学校大同，是我们最终的价值追求。

（二）学风：悦生融智

悦生融智，即尊重生命的个别差异，欣赏生命的多姿多彩，使学生能够自我悦纳，共融于众。启智人致力于在“知、能、行”三方面多元看待学生发展。知即适应认知；能即愉悦展能；行即悦规、康复、悦动。

学校以人的全面发展理论为指导，遵循知行合一的教育规律，并创造性融入核心素养要素，致力于建构“悦生”体系，旨在“知、能、行”三个维度上促进学生发展，努力使其成为悦知之生、悦能之生、悦行之生，使学生达到身心和谐、全面发展、知行合一，实现“未来成为合格公民，享受幸福悦生活”的育人愿景。

图1－10 学风：悦生融智

悦知之生：悦学习，悦劳动。包括发展保障健康生存和安全劳动所需的能力。这里的“劳动”，是指特殊儿童在独立生活、参与工作（有余力）的两种情境中，所需要的解决生活实际问题的能力与基础。这对应了中国学生核心素养的文化基础，同时也呼应了人的全面发展的自然性需求。

悦能之生：悦自主，悦发展。发展全面展示自身潜能和素质所需的能力。“自身潜能与素质”，是指特殊儿童在有能力解决生活实际问题的基础上，能拥有丰盈的精神生活，在工作之余、在家休闲时间有更丰富的活动，充实其生命。这对应了中国学生核心素养的自主发展，同时也呼应了人的全面发展的精神性需求。

悦行之生：悦实践，悦融合。发展广泛参与社会生活和维系良好社会关系所需的能力。与普通儿童相同，特殊儿童也是在做中学、学中做，在参与社会实践的过程中学习，发展综合素养。这对应了中国学生核心素养的社会参与，同时也呼应了人的全面发展的社会性需求。

（三）教风：悦师融教

全国优秀教师、北京市十一学校原校长李希贵曾经说过：“对一位校长或者教育管理工作者来说，关注学生首先应该从关注教师开始。”悦师融教，即打造一支乐观豁达、一专多能的优秀团队，成就悦学之师、悦研之师、悦新之师。

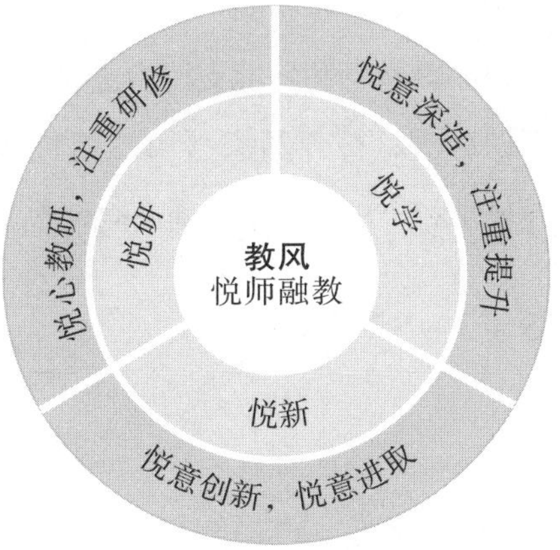

图 1－11 教风：悦师融教

悦学之师：悦意深造，注重提升。近代思想家黄宗羲曾说：“道之未闻，业之未精，有惑而不能解，则非师矣。”作为文化知识的传播者和学生思想的引路人，教师应具备扎实的理论功底和业务能力，使自己的“一桶水”常满常新。

悦研之师：悦心教研，注重研修。教师的专业能力是一种融设计经验和行动经验为一体的综合能力，教师科研旨在生成和提高教师基于设计的行动力。悦心科研是指学校要为教师提供专业成长的平台，营造热心科研的氛围，使教师自觉、积极地投入科研活动中，使教师研修常态化、自觉化、专业化。

悦新之师：悦意创新，悦意进取。发扬“不忘初心，益以新创”的启智精神，引领教师吸取特殊教育的创新理论或经验成果，创新思维模式和教学方式，结合学生个体需求设计更多样、更具创新性的教学活动，丰富学生的学习生活体验，提高他们融入生活和社会的能力。

第三节 因悦而融，三悦课程

在人的全面发展理论引领下，“三悦课程”由全人教育理论、霍华德·加德纳的多元智能理论、心理学家罗杰斯的人本主义理论以及多种课程结合理论构建而成。三悦课程植根于全人教育理念，重视特殊儿童的全面发展；倡导以人为本、尊重差异、尊重潜能的理念，致力于培养特殊儿童适应生活的能力；注重以发展特殊儿童的多元智能及适应生活能力为宗旨，以功能、支持、生活质量为导向，以学校、家庭与社区融合为教育载体，以生活教育和环境支持为主要教育手段。三悦课程体现了“培优补缺”的个别化教育课程观，符合国家《第二期特殊教育提升计划（2017—2020年)》中的“推进差异教学和个别化教学，提高教育教学的针对性”要求。

一、三悦课程：“3 +3 +3”模式

（一）课程目标

学校以人的全面发展理论为指导，遵循知行合一的教育规律，并创造性地融入核心素养要素，致力于建构“悦生”体系，旨在从“知、能、行”三个维度上促进学生发展，努力使其成为悦知之生、悦能之生、悦行之生，使学生达到身心和谐、全面发展、知行合一，实现“未来成为合格公民，享受幸福悦生活”的育人愿景。

（二）课程结构

学校三悦课程主要根据学生、教师、家长的共同成长需求，分为悦生课程、悦师课程、悦家课程。从学生的成长出发倡导“以人为本、尊重差异、尊重潜能”的理念；从教师成长出发倡导“师德为先、一专多能”的理念；从家长成长出发倡导“家校共育、协同发展”的理念。

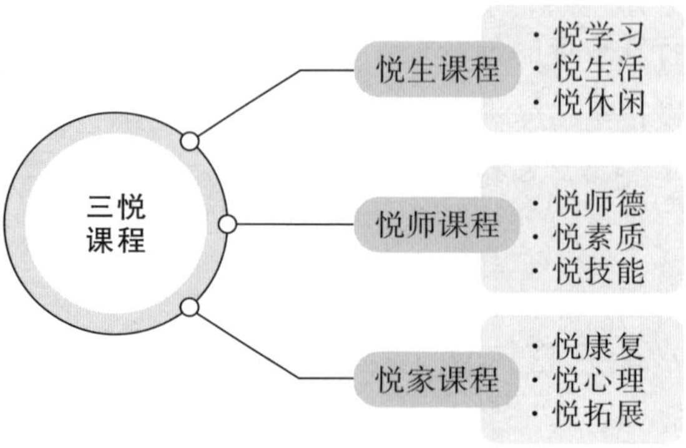

图 1 – 12　三悦课程体系

1. 悦生课程

本课程的开发紧紧围绕办学宗旨，着眼于学生的未来，注重以发展特殊儿童

的多元智能及适应生活能力为目标，以功能、支持、生活质量为导向，以学校、家庭与社区融合为教育载体，以生活教育和环境支持为主要教育手段。

确定了“悦学习”“悦生活”“悦休闲”三大课程板块。“悦学习”部分主要由国家培智课程标准统领下的生活适应、生活数学、生活语文等科目组成，同时还增设优势发展与弱势补偿的个别辅导课。“悦生活”部分主要由劳动技能、志愿服务、少年邮局等居家生活学习与社会实践活动组成。“悦休闲”部分主要由器乐、舞蹈、绘本阅读等组成。

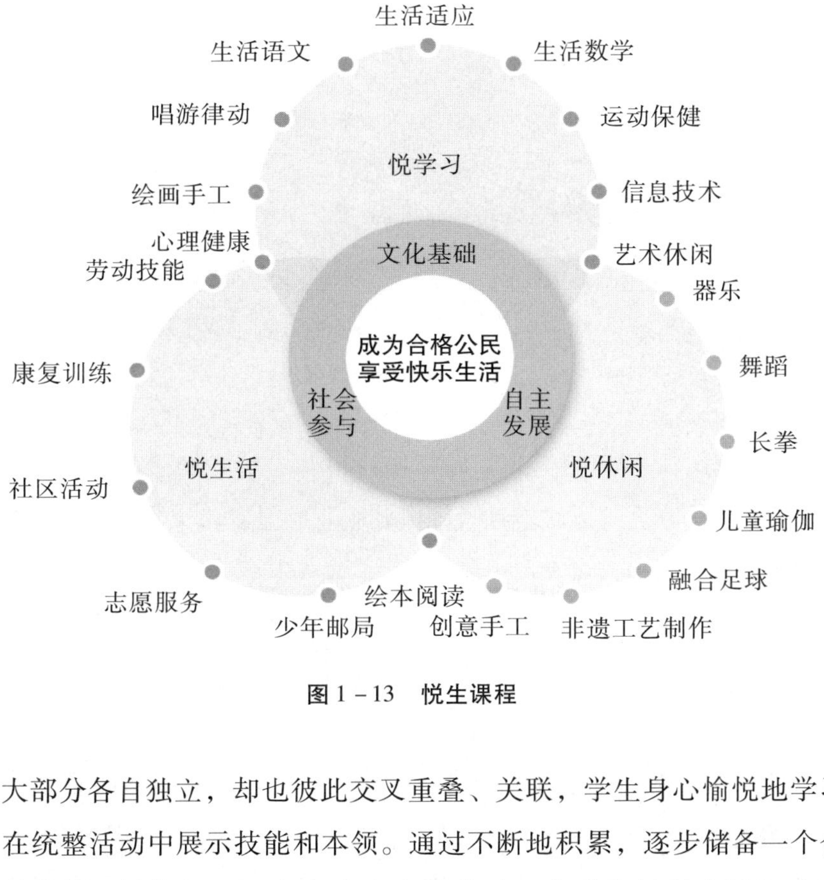

图 1-13 悦生课程

三大部分各自独立，却也彼此交叉重叠、关联，学生身心愉悦地学习悦生课程，在统整活动中展示技能和本领。通过不断地积累，逐步储备一个合格公民应有的素养，最终实现“未来成为合格公民，享受幸福悦生活”这一核心愿景。

2. **悦师课程**

悦师课程以建立一支职业素养高、专业能力硬、实践技能强的教师队伍为目标，从不同角度、不同专业侧面促进教师团队螺旋式成长。教师团队以梯队建设模式，建立骨干教师、青苗教师、种子教师传帮带制度，助力教师团队专业优化。悦师课程体现为教师的德、能、技三个方面的培养。

图 1－14 悦师课程

（1）悦师德：坚持师德为先，以师德研讨、成功案例分享、师德演讲、骨干教师师德师风分享会等方式带动教师提升职业道德素养，关爱学生，做学生健康成长的指导者和引路人。

（2）悦技能：完善个人专业能力体系，使教师专业理论与技能全面发展。建立教研、公开课、专业组研究学习、二次培训等制度，在学校内部形成良性学习氛围，促进教师专业技能的提升。

（3）悦素质：教师通过讲师团讲座、普校宣导、随班就读生评估审核、融合教育个案指导、专业比赛等，在实践中反复验证与提炼，不断锤炼自身的专业实践技能，提升学校作为全区特教资源中心对全区融合教育的辐射与影响力。

3. **悦家课程**

悦家课程注重提升家长的家庭教育能力，多方位提供相关的学习课程，共同助力学生的健康成长。

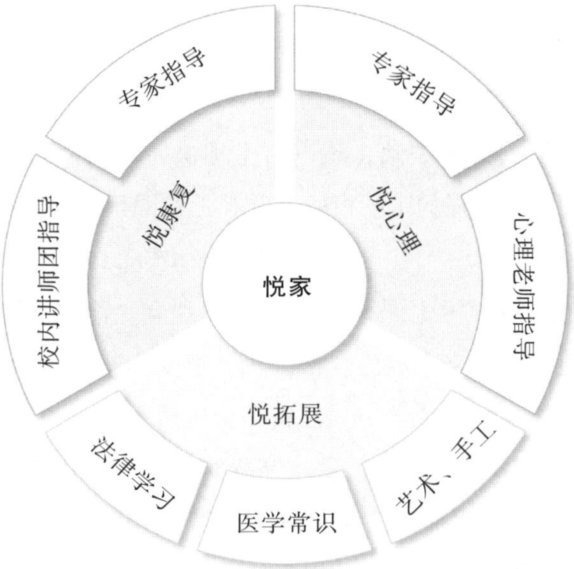

图 1－15 悦家课程

(1) 悦康复：从特殊教育的角度特别是康复的角度，以专家指导、校内讲师团指导为主要方式，为家长提供居家指导课程，帮助孩子更快成长。

(2) 悦心理：学校有专门的心理团队负责心理辅导课程，同时也会外请专家到校指导，提升家长的心理调适能力，帮助家长调整认知，接纳孩子现状，改善家庭关系。

(3) 悦拓展：学校创设丰富多彩的各类课程，帮助家长调节心情，同时学习应对各类问题，不断提升家长的综合素养。拓展性课程包括学校艺术组老师开展的鼓圈活动、手工制作学习、法律专家讲座等，帮助家长建设美好生活。

悦融教育特色的形成过程是遵循教育教学规律，应学校特殊儿童的需要和专业教师的困惑而生成的探究过程，是进一步深化“悦文化”建设的成果。未来，我们还需要思考完善支持系统，以帮助特殊儿童更好地融入社会，让他们在同一蓝天下享受平等，有尊严、有品质地快乐学习与生活！

二、悦生课程的研发实践

（一）构建“悦文化”个别化教育课程体系

学校在“悦文化”的引领下，构建凸显个别化教育的三悦课程体系，着眼于学生的未来，紧紧围绕“未来成为合格公民，享受幸福悦生活”的育人愿景。确定了“悦生课程”三大板块“悦学习”“悦生活”“悦休闲”（如图1－12所示）。

特殊儿童由于发展上的缺陷，难以自主地决定、自由地选择。为保障其权益，三悦课程采用目标性强的工学模式，并在三悦课程的实施过程中采取个别化教育模式。

由三大板块组成的“悦生课程”并非彼此独立，而是有许多交叉重叠的部分，最终服务于使学生“未来成为合格公民，享受幸福悦生活”这一核心愿景。如：学生通过信息技术的“悦学习”获得课余生活中的“悦休闲”；学生在运动保健的“悦学习”中学到了跑步、踢球等技能，并将这些技能运用于融合足球的“悦休闲”中，增进社会沟通，实现社会融合，丰富了课余的“悦休闲”活动，从而享受到生活的乐趣和自信的快乐。

当“悦学习”“悦生活”“悦休闲”各部分的学习结束时，通过统整活动展示学生学到的技能和本领，学生不断积累作为一个合格公民的应有素养，从而更热爱生活、更懂得享受生活。

（二）建立科学管理机制

一是自上而下的科学管理。学校实施学校、教导处、功能部（包括教研部、科研部和发展部）、任课教师的个别化教育管理体系。学校由校长直接领导管理教学队伍。教导处主管全校的教育教学工作，教导处下成立了教研部、科研部和发展部三个部门，负责个别化教育工作的理论指导和实务督导。教科研部下面还专门设置了推进落实个别化教育的IEP（Individualized Educational Plan）课程教研组。IEP课程教研组每学期、每月、每周定期带领各班、各学科教师将IEP目标融于集体课堂、个别辅导课堂以及学校各类活动中，督导各班级学生个别化教育目标的落实。

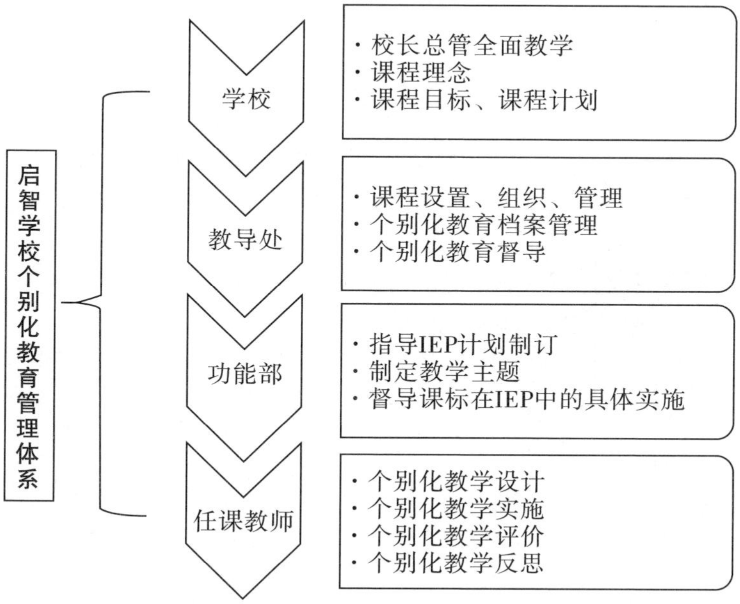

图 1－16 启智学校个别化教育管理体系

二是例行校本教研。每一个学生的每一条 IEP 目标的制定不仅需要通过专业评估，还需要严谨细致的分析、精准的制定，更需要将“标的”落到实处，方可见效。个别化教育教研活动有秩序、有组织地开展，促进了学校个别化教育工作向纵深发展。

表 1－1 启智学校每月例行教研活动表

时间	星期二（15:40—16:40）	星期四（15:40—16:40）	星期五（14:00—16:40）
第一周	集体备课	录像课例（片段）研讨	政治学习
第二周	分科备课	主题研讨	“每月两课”现场观摩研讨
第三周	个人备课	录像课例（片段）研讨	专业知识与技能学习
第四周	主题统整汇报	IEP 个案研讨	工会活动

（三）以国家培智课程为基础的“悦生课程”安排

学校始终以国家培智课程为基础，以“悦文化”为引领，以“悦生课程”为舵手，在个别化教育理念的指引下，以个别化教育目标评估系统的建立和“悦生课程”内容为实施基础，以个别化教育计划为课程内容主导，分年段安排课程，年段重点突出。

表 1－2 启智学校“悦生课程”各学年段重点课程整合表

“悦学习”课程（节/周）										统整活动	
年级	生活适应	生活语文	生活数学	劳动技能	唱游与律动	绘画与手工	运动与保健	信息技术	个别辅导	“悦学习”主题统整活动	次/月
低年部	4	4	2	1	3	3	3	0	3	启智艺术节（唱歌、舞蹈比赛）	次/年
中年部	2	3	2	2	3	3	3	2	3		
高年部	1	4	4	3	2	2	2	2	3	绘画、手工艺术比赛	次/年
“悦生活”课程（节/周）					“悦休闲”课程（节/周）悦休闲					故事表演（绘本阅读）	次/年
校本/健康	家政	烹饪烘焙	少年邮局	社会实践	融合足球	非洲手鼓	合唱	钢琴	绘本阅读	德育活动/春秋游/运动会/社会实践等	次/学期
1	2	2	1	2	4	2	2	2	2	各节日活动	次/年

（四）个别化教育在“悦生课程”中的实施流程

学校以科学、有序、螺旋式循环的工作流程实施个别化教育。一是选取合适的评估工具对每个学生进行评估，从分析结果中找出学生的弱势、潜在能力和支持系统，以及学生需要发展的能力；二是和家长召开个别化教育会议，共同商议选取最需解决的个别化教育目标（长期目标），由教师拟订学生的个别化教育计划；三是由班主任配合全班学生的 IEP 目标，编制班级教育目标（短期目标），并与教学目标对接；四是由教师根据学生生活设置适当的教学主题，将 IEP 目标与主题活动、一日生活、家庭教育相匹配；五是由各科任教师集体教研，设计相应的教学活动（设计主题活动、选择教材资源、选择方法策略）；六是通过多种形式实施教学，最后评估教学成效，整理教学成果，建立学习新起点。如此循环，让学生在个别化教育中得到螺旋式的发展。

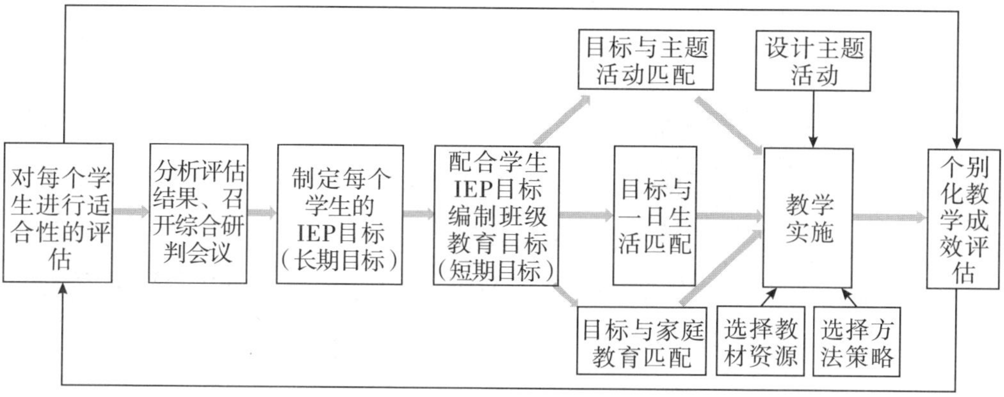

图 1－17 个别化教育计划实施流程

1. **评估分析，设定目标**

通过教育诊断了解学生基本情况、发展状况和学习特点，并进行优弱势分析；通过课程评估的结果制定学生长短期目标；结合教育诊断和课程评估的结果制定学生的 IEP 目标；班级整合所有学生目标制定“班级 IEP 目标汇总表”，学科教师制定“学科 IEP 目标汇总表”。

2. **例行活动，渗透目标**

IEP 目标贯穿在学生的一日生活里，每个学生都有专属的“一日作息表”。通过高频率的贯通式的每日例行活动，锻炼学生技能，力促学生 IEP 目标的达成并具有情境应用效果。例行活动包括晨间活动、午餐活动、劳动活动等。例行活动的流程通过步骤图的形式用粘贴板展示，以视觉提示策略指导学生表现出预期行为。从早到晚，从学校到家里、到社区，学生都能享受专属的个别化教育。

3. **主题教学，双重目标**

依据国家课程标准，以部编教材单元内容为主轴，结合本校学生实际情况以主题活动统整教学。重视规划教学的关键环节，将学生的 IEP 目标分解并融于一个个不同的教学活动中。这些活动源于学生的特殊需要，与学生生活紧密联系，具有实用性、功能性，是促进个别化教育目标达成的有效途径。

依据学生核心目标，制定每月教学主题和统整活动形式。班级根据学校《月主题思维导图》进行班级月主题分析，各科教师协同教学，设定教学目标和学生的 IEP 目标，实施差异化教学，最后在每月主题统整活动情境中检验学生目标达成情况。

4. 个别辅导，培优补缺

本着“尊重差异，培优补缺”的原则，学校根据学生的个别需要设定个别辅导课程，每个“特需”学生一般每周的个别辅导课时是 3 节课。实践证明，个别辅导课使学生的优势得到发展，缺陷得到补偿。学校还会根据情绪行为障碍学生的需要做出临时调整，如遇上突发事件增加应急心理疏导或正向行为支持辅导。

5. 多方合力，育人达标

学校通过“家事活动”及“爱心牵手同成长”等活动，实现家校社共育。“家事活动”是指班主任通过访谈家庭重要成员，对家庭中的重要活动进行优先排序，制定学生“家事活动安排表”，引导学生每天按照任务卡流程完成相应的家务劳动。家长签字确认并备注完成情况和完成质量，班主任配合家长给予强化，减少学生在家无聊的时间，锻炼学生的家事技能。

为了营造一个有利于学生快乐成长的社会环境，更好地帮助特殊学生融入社会，学校创设“爱心牵手同成长”活动，组织特殊学生与普通学生一起生活和学习，让特殊学生体验普通小学的兴趣课堂和各类实践活动。

（五）云端教学，线上育人

2020 年 2 月，突如其来的新冠肺炎疫情虽然阻挡了学生回学校学习的脚步，却阻挡不了他们居家学习的脚步。学校紧急启动“停课不停学，停课不停教”线上教学方案，让学生足不出户继续享受“悦生课程”的“云课堂学习”，实现线上教学，不落育人目标。

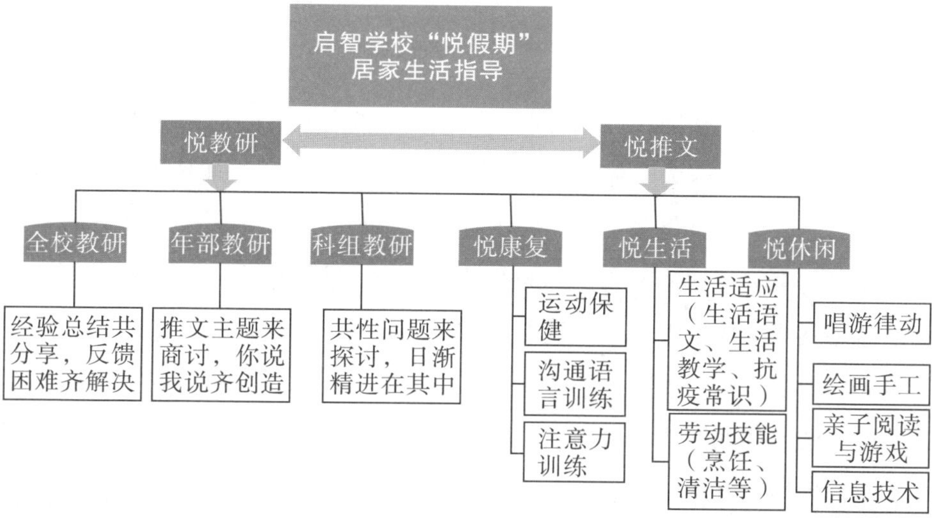

图 1－18 启智学校“悦假期”居家生活指导

（六）多维评价

学校落实《深化新时代教育评价改革总体方案》要求，坚持科学有效，改进结果评价，强化过程评价，探索增值评价。学校注重课程评价，针对问题及时修正，以发展性评价为导向，开展学生、课堂以及课程的三维评价，以评价促发展促提升。教学实施后进行多元、立体式学生评价，通过多元、立体式评价促进学生掌握情绪理解和情绪照片反应。

学生评价。根据特殊学生的特点，建立基于个别化教育的多元评价体系。注重动态评价，建构以学生、教师、家长为主体的初始评价、过程评价和终结性评价的评价体系。既做过程性资料的积累，又做量化的分析，以评价促进学生未来的发展。

课堂评价。进行校内教师、校际教师、教科研人员的评课，以评价促进教师教学的反思和调整。课例以教师、学生、家长为评价者进行多元评价，每课、每天进行形成性评价，主题结束后进行总结性评价，建构起立体式评价体系。

课程评价。以调查问卷调查课程的满意度，评价课程实施的效果，以调整优化课程。

三、“悦学习”课程的创新拓展

人除了是个体完整的人，也是一切社会关系的总和，因此人的发展是个性化和社会化的发展。人作为个体，其个性化发展应是各方面全面发展，包括物质生活和精神生活的全面、协调发展。人的本质在于人的个性，而个体能力的发展是其个性发展的根本前提。因此，人的劳动、社会关系、个性，以及作为人的活动动力的需要共同构成了人的全面发展要素。回到当下，国家和社会对人才培养提出了更高的要求，同时也对人的全面发展目标及其具体内容作了新的阐释。在个人对美好生活需要的时代性目标引导下，人的全面发展的内容在现在表征为德智体美劳全面发展。其中，习近平总书记突出强调以美育人，要提升学生审美素养和人文素养，弘扬劳动精神，即在德智体的基础上重申美与劳的重要性。

以国家教育方针为指导，立足特殊儿童的需要。学校的“悦生课程”重视“悦学习”课程的开发创新，以德智体美劳五育并举为依据，结合特殊儿童的需求，把智和体合并为生活，分为了悦活生活课程、悦德德育课程、悦美美育课程、悦动健康课程四大板块。

其中，悦活生活课程以生活适应、生活语文、生活数学、劳动技能、信息技术等国家课程为载体，让学生应用现代技术解决基本的生存和自理问题，通过实践解决生活难题，增强学生自身的各项能力，为未来融入社会，增加社会贡献打下基础。

悦德德育课程以团队活动和社会宣导为载体，着重引导学生社会性的良好发展，创造为和谐社会奉献力量的机会。

悦美美育课程以唱游与律动、绘画与手工、休闲活动等国家课程为载体，是人的个性化发展的重要内容，审美提升是个人素质和潜力发展的助推剂。

悦动健康课程以心理健康、运动保健、康复训练等国家课程和心理健康校本课程为载体。身体健康是一切发展的前提，心理健康是幸福发展的保障，补救弱势是全面发展的均衡考量。

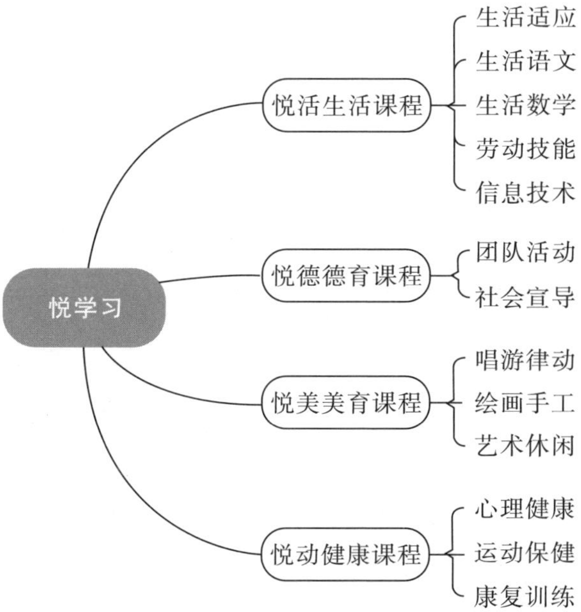

图 1－19 “悦学习”课程结构

启智学校在数年的教育实践中，着重“悦学习”课程的开发，不断开拓创新，取得了一定的成果。后文将围绕这四大板块一一展开论述。

第二章

悦活生活课程

理论部分：吕小翠　陈　桦

实践部分：刘美仪　林晓婷　曾　林　傅　君

学科支持：蔡燕丹　邹　苹　邓康丽　黄勇强　江洁莹　江晓莉

钱超云　覃春娇　沈金金　肖晓怡　周　沛

第一节　悦活生活课程构建

全人教育是塑造“完善的人”的教育，也是人的多方面和谐发展的教育。它将特殊学生看作是完整、动态的全人，障碍和潜能并存。多元智能理论认为每个学生都有一种或数种优势智能，只要提供合适的教育和训练，每个学生的相应智能水平都能得到发展。人的全面发展理论是马克思主义哲学的重要组成部分，习近平总书记多次强调，课程教材必须坚持马克思主义的指导地位，体现马克思主义中国化的最新成果。《义务教育课程方案和课程标准（2022 年版）》聚焦中国学生发展核心素养，引导学生成长为德智体美劳全面发展的社会主义建设者和接班人。《培智学校义务教育课程标准（2016 年版）》的总目标是使学生成为自立自强、适应生活、服务社会的公民。由于特殊学生的个人特质及成长资源不同，其生活功能可分为好公民、好帮手、好家人和好照顾四个等级。教师应制订适宜的个别化教育计划，利用支持的手段逐步提升学生不同的生活质量。

基于此，启智学校的悦活生活课程践行全面发展观、全人教育理论和多元智能理论，通过以生活为核心、以支持为手段的课程教学，为特殊儿童提供有效的学习机会，使其成为四好合格公民，享受悦生活。

一、课程内容

《培智学校义务教育课程设置实验方案》立足于特殊儿童的发展需求和特点，以生活为核心，构建了由一般性课程和选择性课程两部分组成的课程体系，既着眼于学生适应生活和社会的基本发展需求，也着眼于学生潜能开发和身心康复的个别化发展需求。

学校悦活生活课程包括生活适应、生活语文、生活数学和劳动技能四个一般性课程，以及信息技术一个选择性课程，核心理念为应用现代技术解决特殊学生基本的生存和自理问题。学生通过实践解决生活难题，增强自身的各项能力，为未来融入社会、增加社会贡献打下基础。

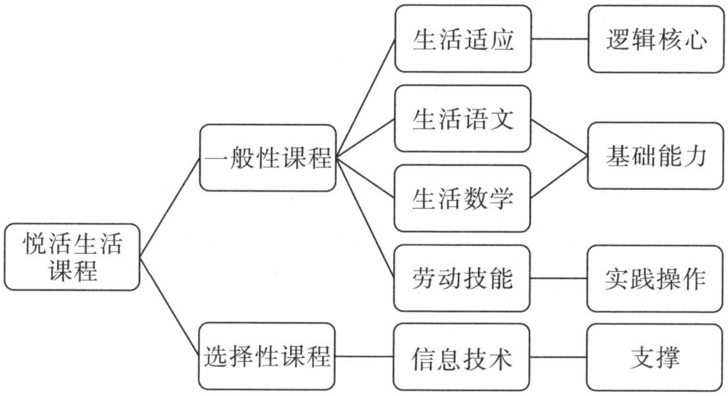

图 2－1 悦活生活课程

（一）生活适应课程内容

以提高学生的生活适应能力为目的，以学生当前及未来生活中的各种生活常识、技能、经验为课程内容，具体包括个人生活、家庭生活、学校生活、社区生活、国家与世界五个部分内容。如民俗月的主题教学旨在让学生了解本土的南海神庙民俗文化，促进家庭、学校和社区之间的互动，提高学生的社会适应能力。

（二）生活语文课程内容

着眼于学生的生活需要，包括倾听与说话、识字与写字、阅读、写话与习作、综合性学习五个部分内容，使学生掌握与其生活紧密相关的初步的听、说、读、写能力。如融合月的主题教学通过借还运动项目道具的环节，让学生加强听说能力的训练，提高文明沟通和交往的能力。

（三）生活数学课程内容

以帮助学生形成和掌握与生活相关的数学基本知识和技能为目的，包括常见的量、数与运算、图形与几何、统计、综合与实践五个部分内容。如体验月的主题教学通过商场的体验之行，让学生在超市、商店、餐厅的真实情境中利用计算技能完成付款活动，解决生活实际问题。

（四）劳动技能课程内容

以培养学生简单的劳动技能为主，对学生进行职前劳动的知识和技能教育，在每个学段设置自我服务劳动技能、家务劳动技能、公益劳动技能和简单生产劳动技能四个部分内容。如环保月的主题教学旨在通过校园水电督察、垃圾分类倡导、简单的社区服务劳动或志愿服务活动，让学生掌握一定的劳动知识与技能，养成良好的劳动习惯。

（五）信息技术课程内容

以学习简单的通信工具运用、计算机操作、互联网络运用以及其他现代信息技术应用为主，包括身边的信息技术、计算机的应用和计算机网络的应用三个部分内容。如科技月的主题教学通过让学生学习使用不同场景的居家科技产品以及参加线上展示互动活动，让学生能更好地适应生活和社会发展，提高生活质量。

二、实施模式

学校悦生生活课程以生活适应为逻辑核心设计和实施教学，生活语文和生活数学课程侧重于培养学生的基本能力，劳动技能课程着重锻炼学生的实践操作能力，信息技术课程顺应信息时代生活的需要，为其他课程的教学提供信息化支持。实施模式可总结为一个核心、两个基本点、一个实践和一个支持。

（一）以生活适应为设计逻辑核心

学校遵循“培养学生生活适应能力，提高学生生活质量”“关注学生生活实际，帮助学生融入社会”和“尊重学生个体差异，促进学生个性发展”的原则，实施以生活适应为设计核心的主题式教学。

（二）生活语文和生活数学是基础能力

倾听与说话是学生适应生活的必备能力，识字与写字是阅读和写话的基础。阅读教学的重点是阅读应用文和生活中的常用信息，写话与习作是运用语言文字进行表达和交流的重要方式，综合性学习则是生活语文知识的综合运用。生活语文课程与其他课程的学习紧密联系，与生活实践紧密结合。

数学素养是现代社会每一个公民应该具备的基本素养，生活数学课程的学习能帮助学生掌握必备的数学基础知识、基本技能和基本活动经验，培养学生初步的思维能力和问题意识，提高综合运用有关的知识与方法解决日常现实生活简单问题的能力，养成良好的学习习惯。

（三）劳动技能提供实践操作平台

劳动技能课程以学生获得积极的劳动体验、形成良好的劳动意识和劳动习惯、掌握生活必备的劳动技能、提高社会适应能力为目标。实践性是劳动技能课程区别于其他课程的最大特点，它为学生提供了亲身实践的劳动操作平台。

（四）信息技术是所有科目的支撑

培智学校义务教育信息技术课程具有技术性、支持性、实践性和发展性的特性，信息技术既是学习对象又是学习工具，在课程中具有双重价值，是所有学科教学的有效支撑。各学科应顺应当代科技发展，在教学设计和实施的过程中改进教师教与学生学的方式，帮助学生运用信息技术提高学习能力，改善生活质量，更好地适应社会发展。

三、具体实施

（一）生活适应课程

学校准确把握生活适应课程的生活性、实践性和开放性，将个人生活、家庭生活、学校生活、社区生活等内容进行有机整合、科学设计。悦活生活课程的主题教学皆源于学生的生活实际，学校从中捕捉到有教育价值的内容作为课程的生长点，创造性地选择恰当的内容，生成适宜的活动，力求提高学生的生活适应能力。

（二）生活语文课程

学校明确生活语文课程的教学目标是让学生学会生活、适应社会、提高生活品质。在教学实践中，尊重和利用学生已有生活经验，运用生活化教学，突出语文教育的功能作用。在教学评价上，始终坚持生活导向，关注学生在日常生活中对语文知识和技能的运用，倡导在生活情境和活动过程中突出以解决生活问题为重点的教学评价。

（三）生活数学课程

学校生活数学课程的教育目的是使学生获得数学的基础知识和基本技能，具备适应生活、适应社会以及自我服务的技能，能够适应社会的发展。在内容选择上，充分体现生活性，强调数学知识与日常生活的紧密联系，以生活情境为媒介，以数学知识为内容，以问题解决为主线，由浅入深地展开。在教学实践上，以“在实践中体验，在体验中学习”为路径，有效利用来自学校、家庭、社区等方面的资源，设计数学实践活动，让学生积累运用数学知识解决生活实际问题的经验。

（四）劳动技能课程

学校劳动技能课程基于“做中学”和“学中做”的教育策略，强调知行统一、手脑并用，注重让学生在操作、体验、探究和解决问题的过程中获得直接经验，改善身心功能。在教学实施中，以学生生活为背景，以劳动项目为载体，注重多学科渗透，通过多途径、多情境引导学生体验和实践，实现对劳动知识和技能的综合运用。在教学评价上，建立学生、教师、家长和其他有关人员参与的评价模式，如教师引导学生对劳动成果进行分享，评价自己在劳动中的表现，促进自我认识和自我改进；家长配合学校在生活中对学生进行劳动技能训练，使学生主动参与家务劳动和处理家庭事务，为家庭成员做一些力所能及的事情。

（五）信息技术课程

学校信息技术课程重视信息技术学科与其他学科的有效整合，及时关注信息技术学科与其他学科的衔接状况。在教学实施上，围绕学生适应信息社会的基本需求，将信息技术的基础知识、基本技能和实践应用三方面有机结合，帮助学生应用信息技术解决实际问题，提高生活质量。在教学方法上，根据特殊儿童的身心发展特征，积极探索游戏教学法、任务驱动法、同伴指导法和现场教学法等多种方法，充分激发学生对信息技术知识的学习兴趣，帮助学生在学习中体验信息技术的用途。

四、未来展望

尽管悦活生活课程目前取得一定成效，但在实践中仍面临各种问题和挑战。展望未来，有两个关键要点：

一是协同支持。学校的悦活生活课程在探索和实践中不断发展、改进，各学科教师具备了一定的协同教学意识，但在实际操作过程中需提高协同教学的实效性，不断增加学生学习的机会，扩大学生练习的场景，切实达成个别化教育目标。此外，还要发挥各班级团队、学科团队、专业团队的支持作用，为每一个学生的发展建言献策，促进学生个性化成长。

二是科学规范。在实际教学过程中，学校悦活生活课程的实施存在知识体系不完整、经验教学、教学效果不佳等问题，未来需要充分学习和把握科学的理论基础，逐步形成一套规范的教学操作模式，使教育教学质量不断提升，实现让学生成为四好公民，享受悦生活的育人目标。

第二节　悦活生活课程实践

为让学生通过学习应用现代技术，解决自身基本的生存和自理的问题，增强自身的各项能力，为独立生活、融入社会打下基础，成为自立自强、适应生活、服务社会的公民，学校积极开展特色校本活动，为学生拓展课程空间、丰富生命体验。以下以“科技悦生活”学校月。主题活动、“赏民俗　扬文化”波罗诞统整活动为例，探索课程开发创新之路。

一、“科技悦生活”学校月主题活动设计方案

（一）活动目的

为帮助学生了解基本的现代科技生活常识，掌握必备的适应性技能，养成良好的行为习惯，形成基本的生活适应能力及良好的品德，本月以多种多样的科技产品为教学载体，创设适合学生认知层级的场景使用活动，使学生通过玩中学、玩中做、手脑并用的途径启发智力、培养概念、学会观察和思考以及促进问题解决，从而提高学生的生活质量，帮助学生更好、更开心地融入社会。

（二）活动主题

走进科技，悦享生活——启智科技展。

（三）活动时间

2022 年 5 月 31 日，星期二。

（四）活动地点

广州市黄埔区启智学校。

（五）活动内容

上午8:45—11:35，居家科技使用秀。

下午14:15—16:00，趣味科技体验赛。

（六）活动形式

1. 居家科技使用秀

（1）统整活动形式。低、中、高三个年部分别创设一个居家科技场景（卧室和书房、客厅、厨房），与南沙区启慧学校进行连线展示。

（2）活动基本要求：

①选取的科技产品需适合班级学生能力及情境需求；

②连线开场需展示各班班级介绍视频（含科技产品学习或使用片段）；

③活动过程或结尾可观看连线学校的智能家居展示或使用视频。

（3）活动流程安排（以中年部为例）：

①活动流程：

8:45　提前布置好场地，调试设备，播放六年级介绍视频。

8:45—8:50　主持人开场，与南沙区启慧学校连线互动，预告流程。

8:50—8:55　五年级持邀请函进场（智能机器人收邀请函）。

8:55—9:00　播放五年级介绍视频。

9:00—9:05　五年级展示使用小爱音箱播放音乐（舒缓的音乐背景）。

9:05—9:35　六年级展示使用快速冷热杯制作饮料（智能机器人递送）。

9:35—9:45　五年级展示智能感应垃圾桶（含赠送礼物）。

9:45—10:05　五年级 VS 六年级展示使用小爱音箱和麦克风演唱班歌及单人表演。

10:05—10:45　五年级 VS 六年级体验使用跳舞毯进行体感互动游戏。

10:45—10:50　活动结束，收拾整理。

10:50—11:00　体验使用拍立得进行合影留念。

②活动人员安排（略）。

③活动场地布置。

a. 连线场地：六年级。

b. 连线负责人：邹老师。

c. 六年级布置预想。

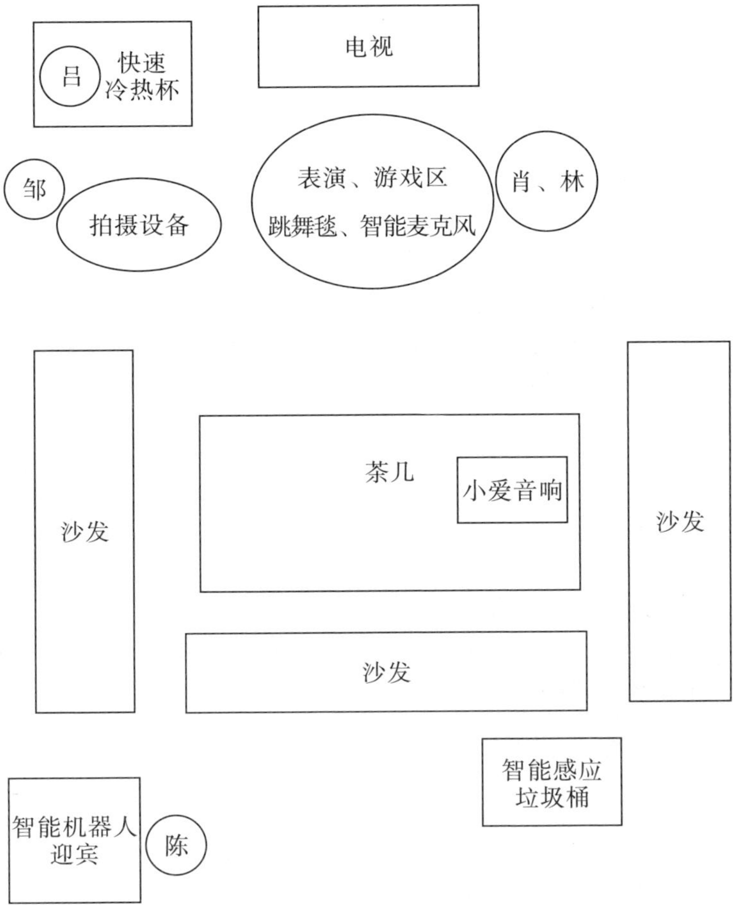

图 2－2　布置预想图

2. **趣味科技体验赛**

（1）统整活动形式。通过趣味体验的形式进行统整，参与者最后可获得少先队颁发的“科技创新者”奖章。

（2）活动背景。2022 年是启智学校建校十周年，十年里，经过不断成长和积淀，学校以“悦文化”为引领方向，以“悦生课程”为载体，大力开展“悦运动”。结合 5 月“科技悦生活”统整活动，拟开展以科技为主题的六一游戏活动，借此多角度展示校园风采，提高学生综合实践的能力，做有信仰、有希望、有力量的特殊教育事业。

（3）活动流程安排。

表 2-1　活动流程安排

时间	流程	规则	人员	道具
14:15—14:20	草地集合	面向背景墙，一年级至九年级从左到右依序就座（每班两列）	各班师生	红色/蓝色凳子
14:20—14:35	悬浮球热身体验	各班师生坐在座位上，主持人从一年级位置启动悬浮球，各班师生注意并触摸悬浮球，使其从一年级飘至九年级，往返循环，班级教师适当协助	各班师生	悬浮球
14:35—15:05	手持式火箭体验	每班按就座顺序，每次派 2 人站到指定的轮胎圈内，听主持人指令发射手持式火箭，完成后捡回。每人有 3 次体验机会，班级教师适当协助	各班师生	亲子自制手持式火箭
15:05—15:35	脚踩式火箭体验	每班按就座顺序，每次派 2 人站到指定的位置，听主持人指令发射脚踩式火箭，完成后捡回。每人有 3 次体验机会，班级教师适当协助	各班师生	学校购买脚踩式火箭
15:35—15:50	悬浮球自由体验	主持人邀请学生到足球场玩悬浮球，每轮每班限 2 人上场，计时 1 分钟。时间到后全部换人再次进行，班级教师适当提醒或协助	各班师生	悬浮球
15:50—16:00	收拾回班	各班有序整理队伍，回班休息	各班师生	红色/蓝色凳子

（4）趣味科技体验赛场地图示。

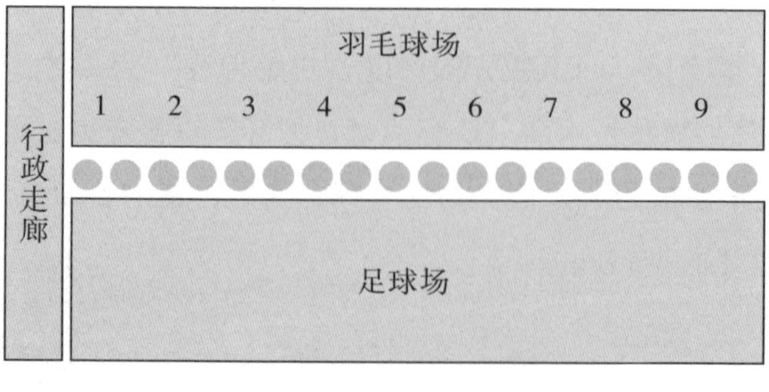

图 2-3　趣味科技体验赛场地

（七）统整活动注意事项

（1）上下午的统整活动需全程保障学生的安全和秩序，班级团队老师做好学生盯护分工（一对三或一对四）。

（2）所有活动结束后，各班需在下班前精选 5 张以上照片上传到学校公共网盘文件夹，自行新建“×年级”文件夹进行存放。

（八）统整活动工作任务安排

略。

表 2－2 “科技悦生活”教学主题活动分析表

年级：六年级

学生：罗、吴、秦、叶、韩、钟、尹、黄、程、赖、孙、陈

老师：吕、刘、林、钱、黄、肖、蔡

活动主题	悦芽客厅科技秀		教学时间	2022 年 5 月 1 日—31 日
活动理念	与同伴共享科技，促进交往融合。		活动亮点	充分运用生活科技和休闲科技，增进生活品质。
班级主题教育目标	1. 认识多种有趣的生活科技产品。 2. 学会使用多种有趣的生活科技产品。 3. 愿意运用现代科技进行吃喝玩乐。			
学生 IEP 短期目标与执行情境（简略版）	本月可配备的 IEP 目标	相关学生		执行情境
	能了解家庭主要成员至少 4 个信息。	吴、罗、叶		生活适应、家庭教育
	指读大字版教材或自编教材的文字。	韩、钟		生活语文、课间休闲活动
	能使用洗洁精清洗杯子或碗筷，将泡沫冲洗干净，无洗洁精残留。	秦、黄、陈		劳动技能
	能够认识每天起床、吃饭、休息的钟表面。	韩、钟、秦、罗、吴、叶		生活数学、例行活动、家庭教育

（续上表）

	本月可配备的 IEP 目标	相关学生	执行情境
学生 IEP 短期目标与执行情境（简略版）	能掌握至少 4 种在游戏中进行接力、抢断、防守的体育方法。	程、孙	运动与保健、大课间
	尝试用点、线画出物体对应的颜色和肌理效果。	吴、秦、韩	绘画与手工、家庭教育
	能用动作、辅具表达开心、不开心。	赖、尹	健康校本、例行活动、家庭教育

主题思维导图分析

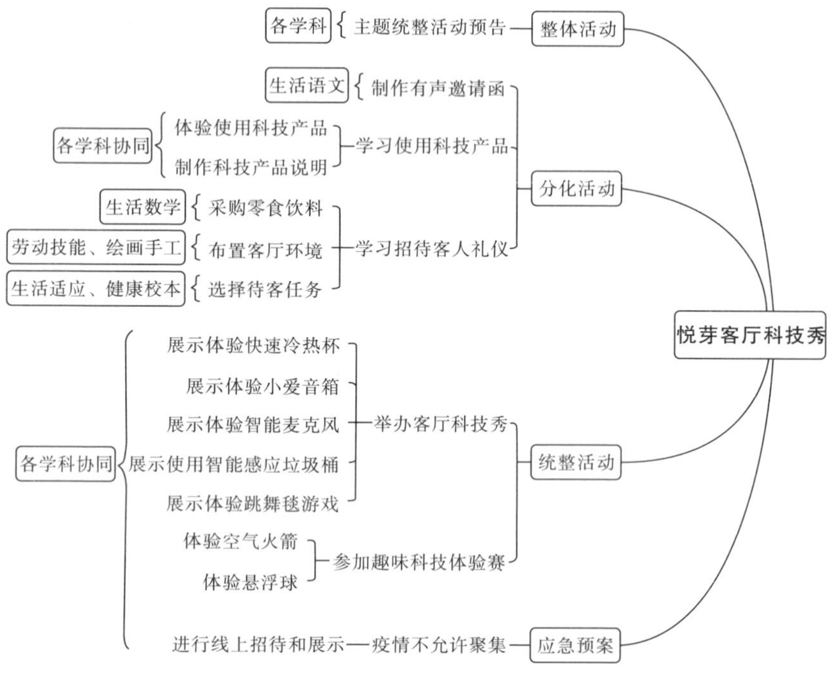

学科教学计划	整体活动	分化活动	统整活动	课程板块
生活适应	第一周：预告科技客厅招待五年级朋友的统整活动，邀请学生争当科技小达人。	第二周：了解智能机器人，录制欢迎和邀请语录； 第三周：了解快速冷热杯和插线板，教导用电安全； 第四周：了解待客礼仪，教导待客分工。	第五周：进行统整活动待客彩排，展示使用快速冷热杯。	悦学习

（续上表）

学科教学计划	整体活动	分化活动	统整活动	课程板块
生活语文	第一周：录制母亲节感恩有声贺卡，为科技悦生活主题预热。	第二周：教导语音输入搜索科技产品视频，了解科技产品名称和作用； 第三周：学习课文《贺卡》； 第四周：制作有声邀请函并派送给客人。	第五周：收取邀请函，展示科技产品使用说明书。	悦学习
生活数学	第一周：介绍主题活动，体验悬浮球赛，认识时长。	第二周：记录悬浮球赛时长，学习比较时间长短； 第三周：学习购买待客点心； 第四周：学习统整活动时间安排表。	第五周：在悬浮球赛中比较学生比赛时长。	悦学习
劳动技能	第一周：预告本月教学活动，展示清洁科技展品。	第二周：学习使用百洁布擦拭碗勺； 第三周：学习使用百洁布清洗碗勺； 第四周：学习使用百洁布擦拭桌子。	第五周：统整活动使用百洁布进行清洁整理。	悦生活
唱游与律动	第一周：预告主题，介绍科技音乐世界。	第二周：学习使用蓝牙音箱点歌； 第三周：学习用 K 歌神器进行点歌 K 歌； 第四周：用乐器 App 认识乐器。	第五周：进行 K 歌比赛或表演，采用乐器伴奏。	悦休闲

（续上表）

学科教学计划	整体活动	分化活动	统整活动	课程板块
运动与保健	第一周：预告主题，展示科技游戏道具。	第二周：学习体验手持式火箭游戏； 第三周：学习体验脚踩式火箭游戏； 第四周：学习体验悬浮球游戏。	第五周：参加趣味科技体验赛。	悦休闲
绘画与手工	第一周：观看科技视频，了解 3D 打印笔绘画活动。	第二、三周：体验 3D 打印笔，制作花束； 第四周：体验 3D 打印笔，制作火箭装饰画。	第五周：在统整活动中布置并展示作品。	悦休闲
健康校本	第一周：观看航天科技展览会视频，了解科技产品。	第二周：体验魔术师变入场券魔术，表达开心或不开心的情绪； 第三周：体验魔术师变体验券魔术，表达开心或不开心的情绪； 第四周：体验魔术师变鲜花魔术，表达开心或不开心的情绪。	第五周：在统整活动中展示变魔术，表达待客心情。	悦生活
活动策略	1. 引起动机：创设活动情境，提供强化物，鼓励自动自发的学习态度； 2. 引导计划：提供视觉提示，进行示范教学和引导自我选择； 3. 引导执行：提供体验和练习机会，学科协同使主题学习趣味化、丰富化。			
注意事项	1. 注意学生的生理和情绪问题； 2. 设计符合学生能力的活动和教具； 3. 加强主题教学和统整活动的团队合作； 4. 避免学生在活动过程中产生冲突或发生意外。			

（续上表）

统整活动设计	悦芽客厅科技秀 一、招待前 提前一周到五年级发邀请函，呼吁五年级朋友带自己的科技产品来共同分享；活动当天布置科技客厅环境。 二、招待时 （一）门口迎客，表达“欢迎来做客”，收取邀请函。 （二）引导客人就座，递送招待饮料和零食，表达“请你吃/喝”。 （三）预告科技秀流程，体验使用拍立得进行拍照留念。 （四）五年级展示使用小爱音箱播放音乐。 （五）六年级展示使用快速冷热杯制作饮料。 （六）五年级展示使用智能感应垃圾桶。 （七）两个年级体验使用智能麦克风进行班歌表演。 （八）两个年级体验使用跳舞毯进行体感互动游戏。 （九）再次使用拍立得进行活动合影，礼貌道别。 三、招待后 使用百洁布收拾整理桌面，表达招待心情。
应急预案	若因疫情不能聚集，使用腾讯会议进行线上招待和展示。

表 2－3　科技月“安全使用电源”教学设计方案　　扫一扫

授课教师	吕老师	任教学科	生活适应
微课名称	安全使用电源	适用对象	五年级培智学生
教材分析	本节微课内容来源于培智学校义务教育实验教科书生活适应五年级下册第 4 课“安全用电”。电让我们的生活变得更加方便、舒适，家庭中的电器越多，孩子接触电器的机会也越多，如果不正确使用电器就可能发生危险。了解和掌握安全使用电源相关器件的知识和技能是中年部学生安全用电的基础，亦是本节课的学习内容。		
学情分析	通过低年部阶段的学习，五年级的培智学生已经了解了家庭生活中常见的安全隐患，具有了初步的居家安全意识，能做到不随意触碰电源，也认识生活中常见的插座、插头、插线板、开关等，但尚未习得安全使用电源相关器件的知识和技能。		

（续上表）

设计思路	本节微课采用新闻导入、讲解示范、游戏练习、短文识记等生活化表现方式，通过呈现生动的“电老虎”形象帮助不同能力的孩子在参与过程中掌握居家安全用电的知识和技能，初步建立自我保护意识，培养居家健康、自信、负责的生活态度。
教学目标	知识与技能：知道触碰电源要保持双手干燥，掌握安全使用电源的技能。 过程与方法：通过听讲、示范以及判断实践，提高安全用电的能力。 情感态度与价值观：培养安全用电的意识，养成安全操作的习惯。
教学重难点	教学重点：认识电源相关器件，会安全使用。 教学难点：安全使用电源相关器件。
教学准备	快速冷热杯、插座、插线板
教学方法	情境教学法、任务驱动法、演示法、讲授法
微课用途	□课前预习 ☑课中讲解 □课后辅导

微课教学过程设计

教学环节	设计意图	时间
一、情景导入 播放不安全用电引发事故的社会新闻，提醒学生在日常生活中电的双刃性，引出学习课题与内容。	采用真实的社会新闻引出课题，提高课堂警醒度，激发学生的学习兴趣。	5 分钟
二、重点教授 活动一：注意事项。播放视频提醒学生触碰任何电源之前，要保持双手干燥。 活动二：安全插电源。播放安全插电源的示范视频，讲解插电源的操作要点：一手握着插头的绝缘体，一手扶着插线板。 活动三：安全拔电源。播放安全拔电源的示范视频，讲解拔电源的操作要点：同样要一手握着电源的绝缘体，一手扶着插线板。	通过视频示范、焦点提示等策略，以及跟“电老虎”说再见的强化方式，引导学生逐步理解、掌握和记忆安全使用电源的知识与技能。	15 分钟

（续上表）

教学环节	设计意图	时间
三、练习巩固 根据学生能力设计不同组别的纸质练习和游戏练习，请学生完成练习。	采用正反例判断、实践操作、短文阅读等形式，使学生掌握安全用电的知识和技能。	12 分钟
四、小结迁移 活动一：呈现并带读《家庭安全用电常识》口诀，总结本节课的学习内容。 活动二：引导学生迁移学习常见的安全用电标志，再次呼吁学生在日常生活中树立安全用电的意识。	采用自编口诀进行学习小结，引导学生通过识记、迁移学习的方法培养安全使用电源的意识，并养成安全操作的习惯。	3 分钟

附录 2－1："安全使用电源"分层作业单

"安全使用电源"作业单 A 组

一、选一选：谁做得对？请在对的图片下面打"√"。

1. 插电源

2. 拔电源

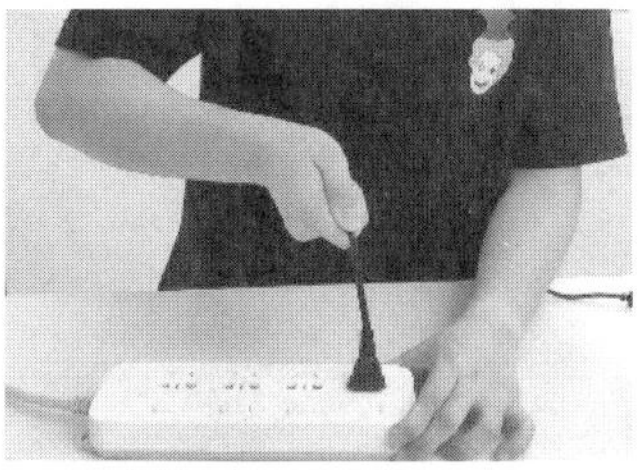

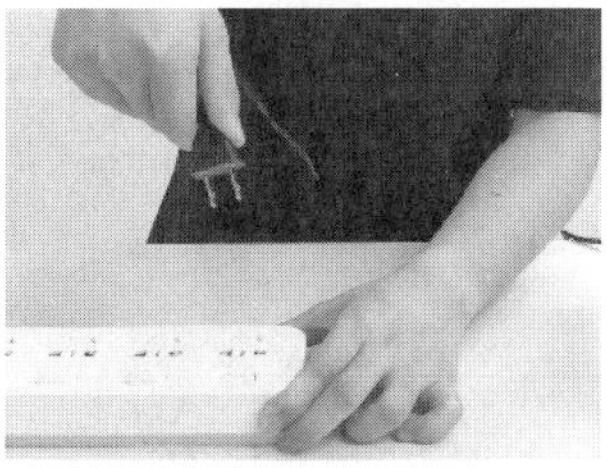

二、拍一拍：请拍下自己在家中安全使用电源相关器件的照片，与同学们分享。

三、读一读：请读出《家庭安全用电常识》口诀。

家用电器藏老虎，
触碰电源手要干。
插拔握住绝缘体，
安全使用我真棒！

四、扫一扫：请扫码完成练习。

A 组游戏图

A 组游戏二维码

“安全使用电源”作业单 B 组

一、选一选：谁做得对？请在对的图片下面打“√”。

1．插电源

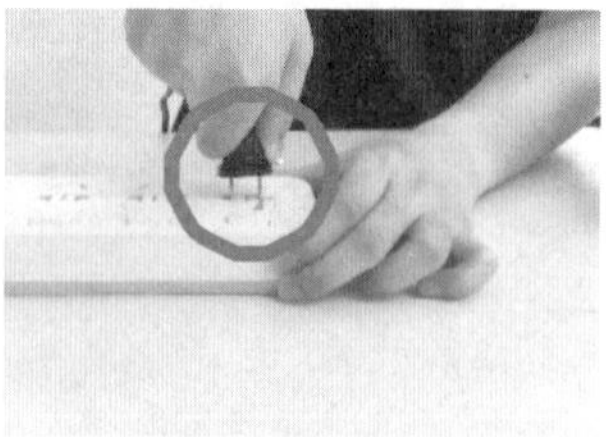

2．拔电源

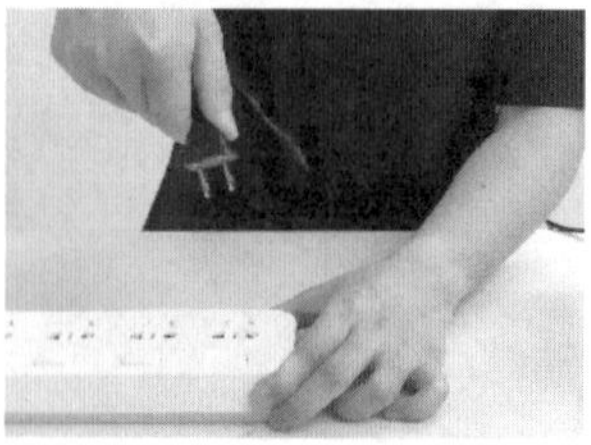

二、拍一拍：请拍下自己在家中安全使用电源相关器件的照片，与同学们分享。

三、读一读：请跟家人一起读《家庭安全用电常识》口诀。

家用电器藏老虎，
触碰电源手要干。
插拔握住绝缘体，
安全使用我真棒！

四、扫一扫：请扫码完成练习。

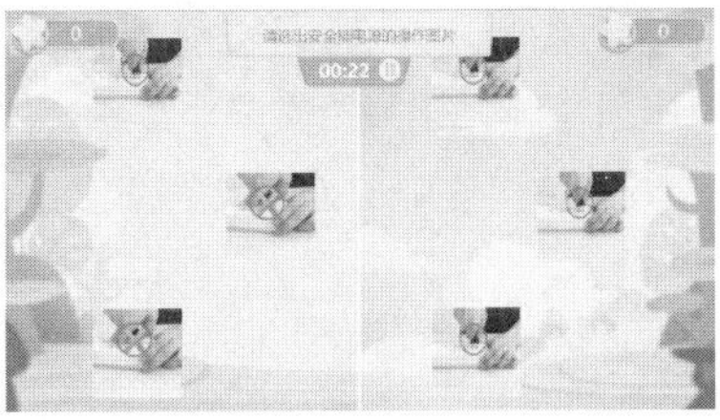

B 组游戏图　　　　B 组游戏二维码

“安全使用电源”作业单 C 组

一、选一选：谁做得对？请在对的图片下面打“√”。

1．插电源

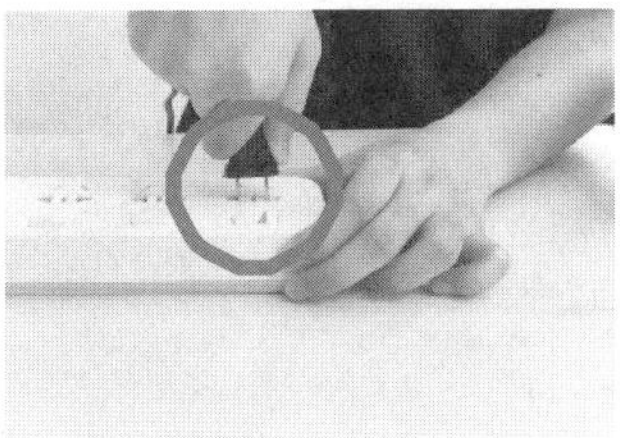

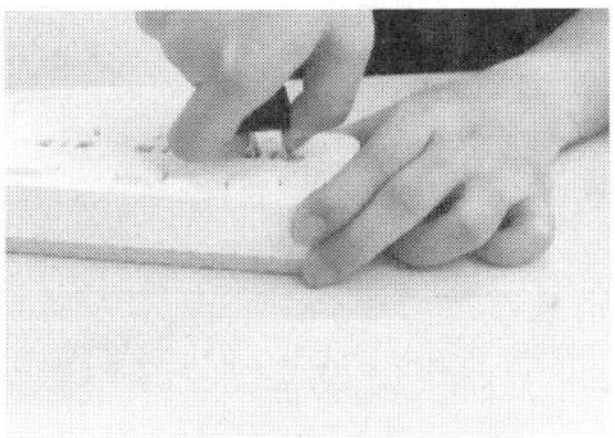

2．拔电源

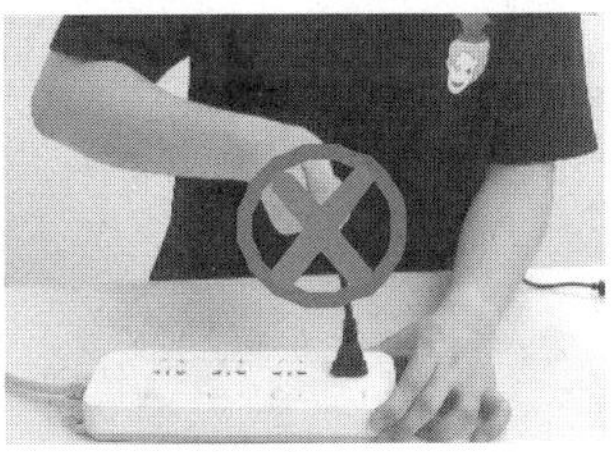

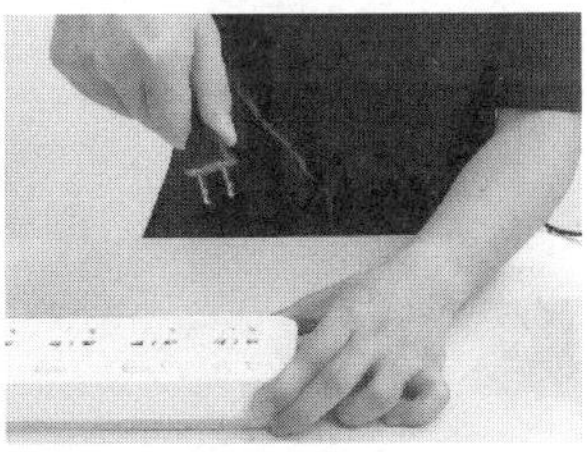

二、拍一拍：请拍下自己在家中安全使用电源相关器件的照片，与同学们分享。

三、扫一扫：请扫码完成练习，并观看正确操作的视频。

C 组游戏图

C 组游戏二维码

附录 2－2：“科技悦生活”主题活动剪影

一、美食科技，悦享美食

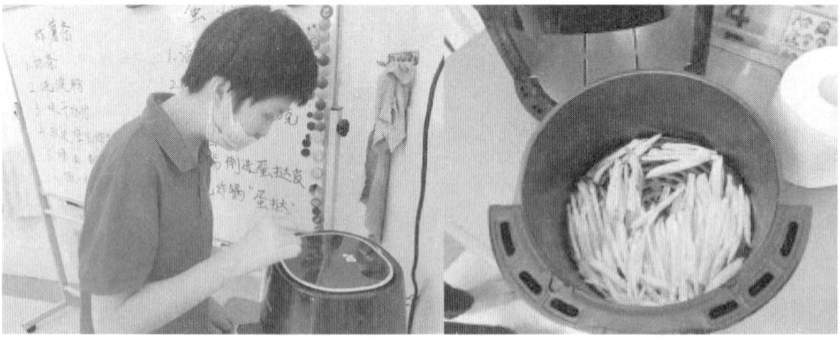

图 1　学生使用空气炸锅制作炸薯条

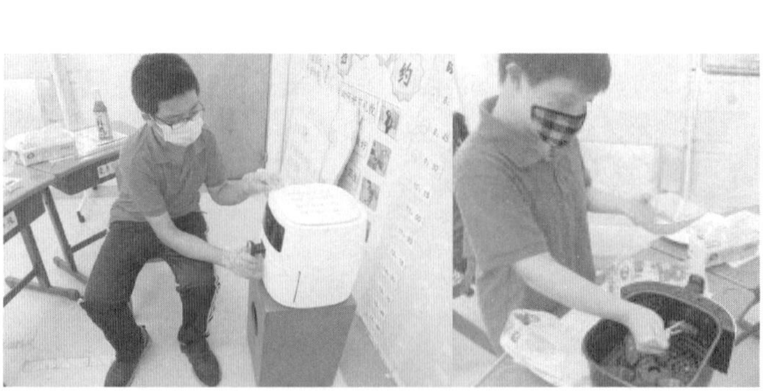

图 2　学生合作使用空气炸锅制作炸鸡翅

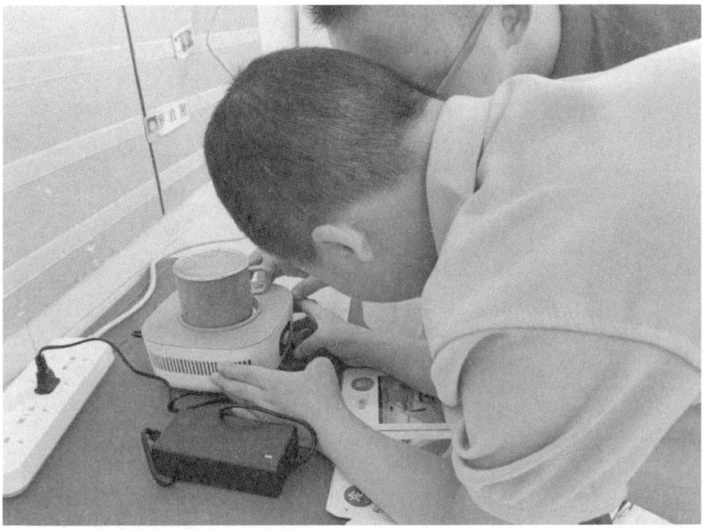

图 3　学生合作使用快速冷热杯制作冷饮

二、清洁科技，轻松清洁

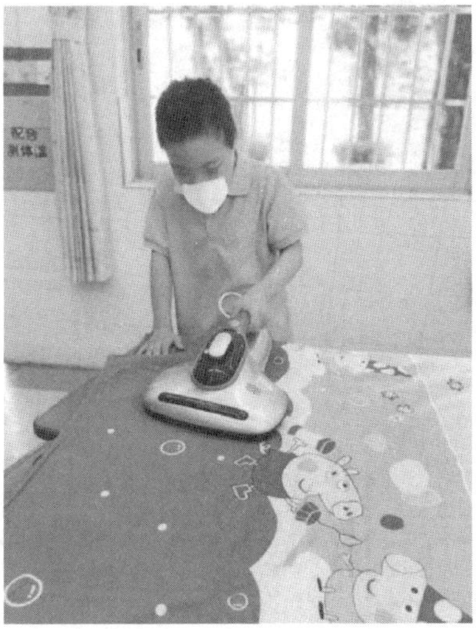

图 4　学生使用除螨仪清洁被子

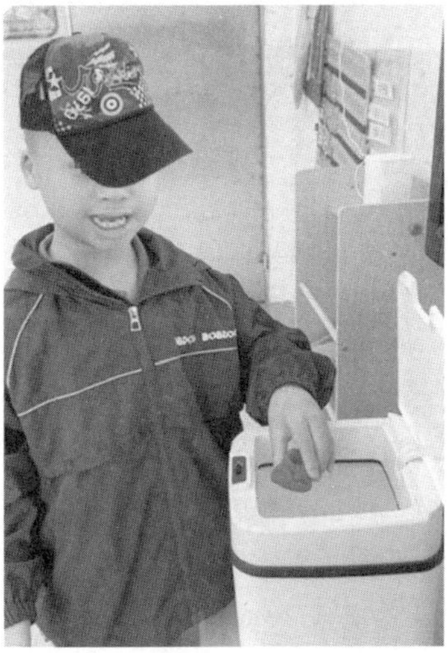

图 5　学生使用智能感应垃圾桶

三、艺术科技，悦享休闲

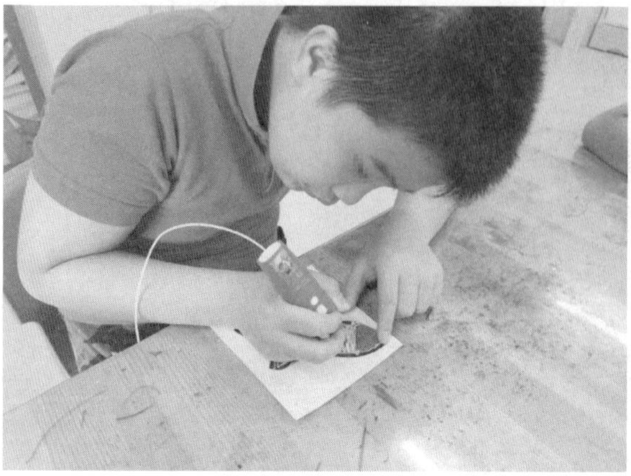

图6 学生使用3D打印笔制作火箭

图7 学生使用智能麦克风唱歌

四、娱乐科技，欢乐加倍

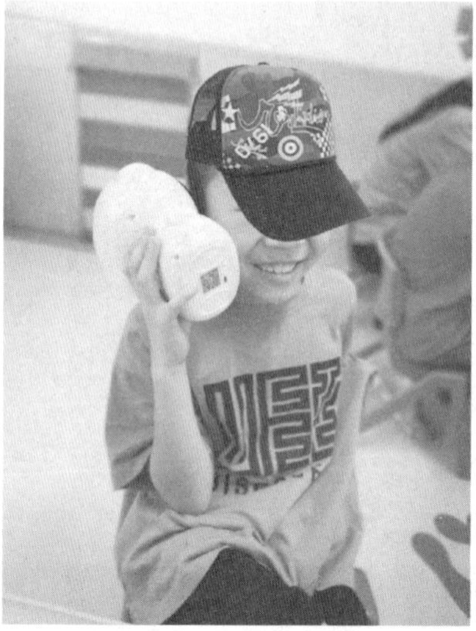

图8 学生使用AI伴读机器人听故事

图9 学生使用跳舞毯手柄玩“切水果”

二、“赏民俗 扬文化”波罗诞统整活动方案

完成教学后，在月底进行综合各个学科的统整活动。本书以“赏民俗 扬文化”波罗诞统整活动为例进行介绍。

（一）活动主题

赏民俗，扬文化。

（二）指导思想

全面贯彻党中央、国务院关于办好特殊教育的要求，落实《国家教育事业发展“十三五”规划》《“十三五”加快残疾人小康进程规划纲要》和《第二期特殊教育提升计划（2017—2020 年）》中提出的“大力推进特殊教育课程教学改革”“推进差异教学和个别化教学，提高教育教学的针对性”等要求。依据《培智学校义务教育课程标准（2016 年版）》的要求，结合以“悦文化”引领的校本“悦生课程”，落实好培智学校立德树人和五育并举的教育教学工作。

（三）活动背景

南海神庙的庙会是一种古老的传统民俗及民间宗教文化活动，在每年农历二月十一至十三举行，其中农历十三为正诞，也叫波罗诞，即南海神诞。波罗诞是广东省广州市乃至珠三角地区独具特色的传统民俗节庆活动、最大的民间庙会，也是现今全国唯一祭祀海神的活动。它是珠三角地区最具影响力的民间庙会，蕴含了广州市最有代表性的传统民俗文化元素，有着千年的历史文化传统（2022 年由于疫情缘故，暂停举办大型庙会活动）。组织学生赏民俗活动，让学生体验黄埔本地传统的庙会，传承和发展我国传统文化，同时丰富学生的课余生活，促进家庭、学校和社区之间的互动，竭诚为黄埔区特殊儿童服务，提高我校学生的社会融合能力。

（四）活动内容

（1）师生共同游览南海神庙。

（2）体验相关民俗活动。

（五）活动形式

启智学校全体师生以班级为单位，班级教师组织学生进行游览和体验。

外出学生 18 人，教师 12 人，家长 7 人，志愿者 2 人，共 39 人；

留校学生 56 人，教师 14 人，阿姨 3 人，家长 4 人，志愿者 2 人，共 79 人。

（六）活动时间

计划时间：3 月 30 日，星期三。

（七）活动地点

黄埔区南海神庙。

（八）活动要求

（1）做好班级活动安全教育和宣导，一切以学生安全为重。

（2）在活动过程中，注意文明参观，保护文物，并与他人礼貌交往。

（九）具体活动安排

1. 工作安排

表 2－4　工作安排

<table>
<tr><th>工作</th><th>工作具体内容</th><th>负责人</th><th>完成时间</th></tr>
<tr><td>总指挥</td><td rowspan="2">审阅活动方案，决定活动流程，指挥协调活动进行。</td><td>曾校长</td><td rowspan="2">3 月 26 日前</td></tr>
<tr><td>指挥</td><td>唐书记</td></tr>
<tr><td>方案制订及通知</td><td>制定具体的活动流程和时间表，确定参加人数。</td><td>林老师
李老师</td><td>3 月 26 日前</td></tr>
<tr><td>活动筹备</td><td>协调筹备游览庙会事项，打印具体通知。</td><td>刘老师
吴老师</td><td>3 月 27 日前</td></tr>
<tr><td>实地游览活动总负责人</td><td>协调外出活动当天事宜，应对突发事件，保障学生安全。</td><td>傅老师</td><td></td></tr>
<tr><td>远程购物活动总负责人</td><td>协调留校活动当天事宜，应对突发事件，保障学生安全。</td><td>林老师</td><td></td></tr>
<tr><td>医疗</td><td>准备急救箱，应对突发急救事件。</td><td>樊校医</td><td>3 月 28 日前</td></tr>
<tr><td>志愿服务</td><td>1. 联系并确定志愿者人数；
2. 确定各班是否需要补充家长志愿者。</td><td>王老师</td><td>3 月 27 日前</td></tr>
</table>

2. 科组准备安排

表 2－5　科组准备安排

项目	内容	时间	负责人
购物	1. 购买门票、民俗工艺品； 2. 制定实地游览购物流程（打电话、预订等）； 3. 设计商品订购清单（含取货号）。	3 月 28 日前	刘老师

（续上表）

项目	内容	时间	负责人
景点介绍	1. 南海神庙景点介绍，聘选班级小导游； 2. 制定观光任务单； 3. 商品介绍。	3月28日前	吕老师
观光游览	1. 预约兑换门票流程； 2. 文明参观礼仪； 3. 个人信息填报； 4. 最佳导游投票。	3月28日前	周老师
垃圾分类	1. 垃圾分类； 2. 摊位布置及收拾。	3月28日前	宋老师
出行队列	1. 出行队列； 2. 出行安全。	3月28日前	钱老师
民俗音乐趴	1. 民俗音乐； 2. 粤语歌； 3. 律动音乐。	3月28日前	秦老师
民俗工艺品	制作售卖的民俗工艺品。	3月28日前	李老师
摄像	1. 景点拍照； 2. 直播技术学习。	3月28日前	陈老师
祈福	许愿祈福。	3月28日前	蔡老师

3. 人员分组及活动流程

（1）人员分组。

①实地游览组（总负责人：傅老师）：外出学生18人，教师12人，家长7人，志愿者2人，共39人（分工略）。

②远程购物组（总负责人：林老师）：留校学生56人，教师14人，阿姨3人，家长4人，志愿者2人，共79人（分工略）。

（2）实地游览组活动流程。

表 2－6 实地游览组活动流程

时间	负责人	工作内容	学习目标	注意事项
3 月 29 日	班主任	预约门票。	1. 填写个人信息； 2. 预约门票。	提高学生个人信息保护意识。
3 月 30 日 8:00—8:30	王老师	师生正常到校集中。		
8:30—8:45	李老师	组织外出师生到操场集合，清点人数。	1. 整理着装； 2. 检核个人物品（身份证等）。	安全出行宣导，整理队列，做好出发准备。
8:45—9:10	钱老师	有秩序两两排队步行至南海神庙。	1. 队形队列； 2. 交通安全。	走人行道、人行天桥，注意来往车辆和河边安全。
9:10—9:30	王老师	1. 合影并进行安全宣传教育（南海神庙牌坊）； 2. 引导学生兑换或购买门票。	1. 听指令合影； 2. 看流程兑换或购买门票。	紧跟队伍，兑换门票时按指示排队，兑换后注意保管好身份证件。
9:30—10:30	周老师	按景区入园流程自行进园，带学生游览体验并拍照。	1. 完成观光任务单（拍照记录、许愿祈福等）； 2. 垃圾分类。	注意观光文明，保护古文物，不胡乱触摸。
	陈老师 吕老师	实时直播安排：浴日亭、海不扬波、祈愿树、东汉大铜鼓、大碑林、达奚司空塑像、南海神塑像（若有专业导游，可听导游讲解）。	班级小导游讲解景点视频。	1. 准时到达指定位置； 2. 介绍景点时长控制（5 分钟内）。

（续上表）

时间	负责人	工作内容	学习目标	注意事项
10:30—11:10	周老师 吴老师	引导摆设摊位，架设直播机器。	1. 摆摊，陈列物品； 2. 介绍商品，利用表演吸引顾客； 3. 接收订单，填写订购单； 4. 分类、打包订单； 5. 送货（回校后）。	1. 在安全合适的位置摆摊； 2. 结束后清洁场地，注意垃圾分类。
		引导学生安全浏览摊位，进行购物。	1. 浏览各摊位销售商品； 2. 挑选心仪物品； 3. 沟通了解价格； 4. 付款结算。	1. 注意行路安全，小心来往车辆； 2. 注意保管个人物品，保障财物安全； 3. 理性消费，快乐购物。
11:10—11:25	李老师	各班集结整队，清点人数，按原路线返校。	1. 队形队列； 2. 交通安全。	走人行道、人行天桥，注意来往车辆和河边安全。
11:25—11:35	班主任	引导送货。	送货到订购人手中。	收付款及找零。

（3）远程购物组活动流程。

表 2－7　远程购物组活动流程

时间	负责人	工作内容	学习目标	注意事项
8:30—9:10	秦老师	分 4 组组织学生民俗音乐趴（1 班，2、3 班 & 9 班，5 班 & 6、7 班，4 班 & 8 班）。	1. 欣赏民俗音乐； 2. 合唱粤语民俗歌曲； 3. 民俗音乐律动； 4. 收拾会场。	1. 选择宽敞场地进行活动； 2. 重视学生安全。

（续上表）

时间	负责人	工作内容	学习目标	注意事项
9:10—9:30	蔡老师	直播软件连线。	1．登录直播软件； 2．填写订购单（勾选商品和个人信息）。	1．提前调试直播设备； 2．准备商品及价格清单。
9:30—10:30	王老师	分4组观看直播（1班，2、3班＆9班，5班＆6、7班，4班＆8班）。	1．观看介绍，完成直播记录（任务单）； 2．点赞直播，投票评选最喜爱的导游。	教师可提醒学生注意观看关键景点介绍。
10:30—11:20	李老师	分3组观看购物直播（2、3班＆9班，5班＆6、7班，4班＆8班）。	1．观看商品介绍； 2．拨打电话进行预定（样式、数量等）； 3．报个人信息（姓名、班级）； 4．领取取货号。	1．正确拨打电话号码； 2．注意通话沟通礼仪。
11:10—11:35	李老师	引导清点货款。	1．购物价格估算，准备付款（现金）； 2．交钱拿货。	1．保管金钱； 2．公平交易。

（十）经费预算

略。

（十一）注意事项

（1）各班班主任、配班教师要随时关注学生的安全，要求学生不掉队，不做危险游戏，确保学生的人身安全。

（2）教师带队位置要求：在带队时，要求班主任居队伍前列，配班教师居队伍中间，副班主任居队伍后列，期间保持警惕，关注学生，不得嬉戏。

（3）各班组织学生整队，清点学生人数，提醒学生带好物品，组织需要方便的学生方便。有特殊情况及时报告教导处。

（4）卫生文明：提醒学生参观文明礼仪，注意维护学校形象，不推搡打闹，不大声喧哗。提醒学生爱护花草，爱护公共财产，爱护公共卫生，做一名文明的学生。

表2-8 中年部某班波罗诞月主题活动分析表

学生：曾、杨、卢、魏、张、朱、郑、陈、刘、何、童、邢

教师：林、江、李、吴、韩、王、陈

主题名称	民俗悦生活·黄埔波罗诞	教学时间	2.22—3.31
单元目标	1. 能够使用10元钱购买门票； 2. 了解出行计划； 3. 了解12小时计时法，读钟表“时”“分”； 4. 了解黄埔的民俗特色（波罗诞的传统习俗）； 5. 了解波罗诞的历史故事； 6. 能够用2~3个简单句介绍自己的日常生活（描述时间、事件）； 7. 初步养成用日记记录事情的习惯； 8. 在多媒体上选择一首自己喜欢的广东音乐作为电子相册背景音乐； 9. 欣赏广东音乐《醒狮》； 10. 学习醒狮的基本动作，听音乐完成简单动作； 11. 在游波罗诞时使用手机拍摄工艺品照片；	IEP目标	1. 能够跟读绘本简单字词10个（关于民俗的字词），连续10次，成功率为80%（曾、杨、卢、魏、张、朱）； 2. 在图片提示下基本了解黄埔的民俗特色和波罗诞的传统习俗（郑、陈、刘、何、童、邢）； 3. 能够根据图片说出对课文内容（波罗诞）之简单提问，连续10次，成功率为80%（曾、杨、卢、张、朱）； 4. 能够用2~3个简单句介绍自己的日常（描述时间、事件），连续10次，成功率为90%（曾、杨、卢、魏、张、朱）； 5. 用2~3句话日记记录一天，连续10次，成功率为90%（曾、杨、卢、张、朱）； 6. 用2~3张图片作日记记录一天，连续10次，成功率为70%（郑、陈、刘、何、童、邢）； 7. 能认识钟面上跟自己有关的几个重要的“时”“分”（曾、杨、卢、魏、张、朱）；

（续上表）

扫一扫

主题名称	民俗悦生活・黄埔区波罗诞	教学时间	2.22—3.31
单元目标	12. 在游波罗诞时使用手机拍摄人物与风景的合照； 13. 通过微信分享图片； 14. 能够用色彩对比色、渐变色以及基本的构图知识模仿造型波罗鸡； 15. 能够了解波罗鸡的民间艺术特色。	IEP目标	8. 能根据商品的价格拿出对应的20元以内的钱币（曾、杨、卢、魏、张、朱）； 9. 能辨认1、5、10、20、50元现金面值（郑、陈、刘、何、童、邢）； 10. 能够使用电饭煲完成一次煮米饭的步骤（曾、杨、卢、魏、张、朱）； 11. 能冲泡常见类型的饮料（曾、杨、卢、魏、张、朱、郑、陈、何、童）； 12. 能自己小心拿刀，将瓜类食材随意切成块（曾、杨、卢、魏、张、朱、郑、陈、何、童）； 13. 能从多媒体中收集自己喜爱的音乐作品，并作出简单描述； 14. 提高对本地区的儿歌童谣的欣赏能力； 15. 学习醒狮的基本动作，如进退步、十字步、交替步等舞步； 16. 了解智能手机的用途，并能使用其进行学习、交流、娱乐休闲等活动； 17. 能够了解2种以上的民间艺术特色（曾、杨、卢、魏、张、朱、郑、陈、刘、何、童、邢）； 18. 能感受他人的情绪变化，并利用音乐进行情绪的转换（曾、杨、卢、魏、张、朱、郑、陈、刘、何、童、邢）。

（续上表）

<table>
<tr><td>主题名称</td><td>民俗悦生活·黄埔波罗诞</td><td>教学时间</td><td>2.22—3.31</td></tr>
<tr><td>主题网分析</td><td colspan="3">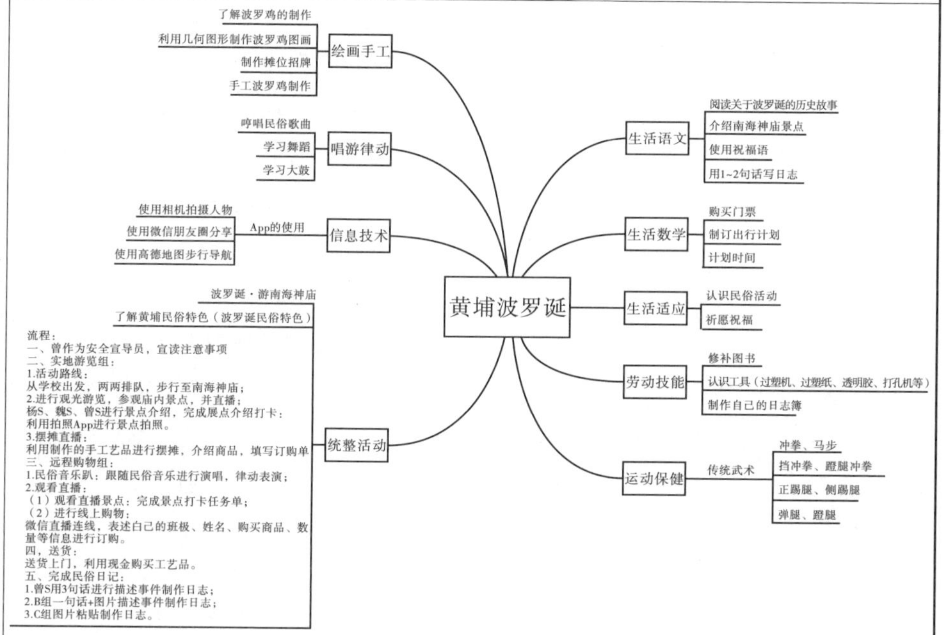
</td></tr>
<tr><td>例行活动目标</td><td colspan="3">【一日例行活动】
1. 点名课：
能够配合晨检；
能够当小助手进行点名；
能够播报当天日期、天气和报餐人数；
能够了解当天日程安排。
2. 午餐午休午点：
能够按照流程进行午餐，进行餐前准备、餐后清洁；
能够完成如厕和清洁事务；
能够整理床铺；
能够清洗水果，并分发午点。
3. 课间：
能够自行安排课间休闲活动；
能够处理自己的如厕事务；
能够主动与他人沟通交流，和同学友好相处。
【一周例行活动】
1. 升国旗：能够自觉佩戴红领巾、自觉主动唱国歌，能够在团体活动时紧跟队伍。
2. 大课间活动：室内跳广播操、进行室内游戏等，室外按照大课间安排，错峰进行运动游戏。
3. 班会课：①常规班规适应；②卫生防病教育；③校园安全教育。
【一月例行活动】
统整活动：文明游览景点，争当小导游。</td></tr>
</table>

（续上表）

	活动概况	时间	IEP匹配	整体活动	分化活动	统整活动	所属板块
学科活动构想	生活语文	2.22—3.31	了解波罗诞的历史故事； 能够用2～3个简单句介绍自己的日常（描述时间、事件）； 初步养成用日记记录事情的习惯。	2.22—2.26第一周：了解波罗诞的历史故事。	3.1—3.5第二周：在图片提示下基本了解黄埔的民俗特色和波罗诞的传统习俗； 3.8—3.12第三周：根据图片说出波罗诞的历史故事的基本情节； 3.15—3.19第四周：能够用2～3个简单句介绍自己的日常（描述时间、事件）； 3.22—3.26第五周：用日记（词语、图片）记录游园。	3.29—3.31第六周：写1～2句日记。	悦学习；悦生活
	生活数学	2.22—3.31	了解12小时计时法，读钟表“时”“分”； 能根据商品的价格拿出对应的20元以内的钱币（例如价格为18元拿出20元钱币）。	2.22—2.26第一周：了解波罗诞时间（农历阳历）。	3.1—3.5第二周：学习时钟的“时”“分”，按照12小时制画时钟； 3.8—3.12第三周：了解时钟的“分”与钟面数字的转换； 3.15—3.19第四周：学习出行计划、时间的计划； 3.22—3.26第五周：学习付款。	3.29—3.31第六周：独立购买门票，能计划出行时间。	悦学习；悦生活

（续上表）

	活动概况	时间	IEP 匹配	整体活动	分化活动	统整活动	所属板块
学科活动构想	生活适应	2.22—3.31	了解黄埔的民俗特色。	2.22—2.26第一周：各种民俗特色的欣赏。	3. 1—3. 5 第二周：了解导游职业； 3. 8—3. 12 第三周：用一句话介绍传统节日民俗； 3. 15—3. 19 第四周：用一句话介绍南海神庙景点； 3. 22—3. 26 第五周：用一句话介绍波罗诞的传统习俗。	3.29—3.31第六周：争当小导游，介绍景点。	悦生活
	劳动技能	2.22—3.31	使用简单办公用品。	2.22—2.26第一周：了解工具的使用方式。	3. 1—3. 5 第二周：学习沿直线、曲线剪出形状； 3. 8—3. 12 第三周：学习使用透明胶粘贴修补图书（胶带切割器）； 3. 15—3. 19 第四周：学习使用过塑机过塑； 3. 22—3. 26 第五周：学习使用打孔机打孔成册。	3. 29—3. 31第六周：制作自己的日记簿。	悦生活

（续上表）

	活动概况	时间	IEP 匹配	整体活动	分化活动	统整活动	所属板块
学科活动构想	唱游与律动	2.22—3.31	能从多媒体中收集自己喜爱的音乐作品，并作出简单描述；学习醒狮的基本动作，如进退步、十字步、交替步等舞步；提高对本地区的儿歌童谣的欣赏能力。	2.22—2.26 第一周：感受与欣赏广东音乐，学习几种乐器；学习了解广东舞狮文化。	3. 1—3. 5 第二周：感受与欣赏舞狮的音乐，分析乐器图谱，使用乐器；3. 8—3. 12 第三周：学习舞狮的进退步、十字步，结合跳格子游戏一起练习；3. 15—3. 19 第四周：进行分组，合作学习正确使用舞狮的狮头；3. 22—3. 26 第五周：练习舞狮。	3.29—3.31 第六周：在波罗诞现场直播舞狮助兴。	悦休闲
	运动与保健	2.22—3.31	了解中国传统武术。	2.22—2.26 第一周：复习冲拳、马步等基本动作。	3. 1—3. 5 第二周：练习弓步格挡冲拳；3. 8—3. 12 第三周：练习蹬腿冲拳；3. 15—3. 19 第四周：练习正踢腿、侧踢腿；3. 22—3. 26 第五周：练习弹腿、蹬腿。	3.29—3.31 第六周：武术表演。	悦休闲；悦生活

（续上表）

	活动概况	时间	IEP 匹配	整体活动	分化活动	统整活动	所属板块
学科活动构想	绘画与手工	2.22—3.31	能够用色彩对比色、渐变色以及基本的构图知识模仿造型波罗鸡；能够了解2种以上的民间艺术特色。	2.22—2.26第一周：了解并且欣赏波罗诞和波罗鸡等民间特色。	3.1—3.5第二周：观察波罗鸡并进行配色装饰； 3.8—3.12第三周：用简单的几何图形造型波罗鸡； 3.15—3.19第四周：使用剪刀工具剪贴装饰波罗鸡； 3.22—3.26第五周：手工制作波罗鸡和波罗粽。	3.29—3.31第六周：展示波罗鸡和波罗粽。	悦休闲
	信息技术	2.22—3.31	了解平板电脑的用途，并能进行学习、交流、娱乐休闲等活动。	2.22—2.26第一周：复习用相机App进行拍照。	3.1—3.5第二周：使用相机App拍摄工艺品； 3.8—3.12第三周：使用相机App拍摄人物； 3.15—3.19第四周：使用相机App拍摄人物与风景合照； 3.22—3.26第五周：使用微信朋友圈分享照片。	3.29—3.31第六周：展示朋友圈分享的照片。	悦休闲

（续上表）

活动策略	1. 示范教学，直接教学； 2. 实施结构化的教学策略，提供视觉提示； 3. 情景导入； 4. 遵循重视学生回馈的原则，课后家长进行反馈评价； 5. 增加学生个人工作，激发自主学习与分享欲望； 6. 游戏互动，激发兴趣； 7. 同侪互助，小组合作与团体协作的合作式教学。
注意事项	1. 学生情绪稳定问题； 2. 学生注意力问题； 3. 设计的绘本内容简单易懂，要符合学生能力； 4. 设计的活动具有趣味性； 5. 活动的教具和教材的设计应分层并符合学生学习特点。
空间设置	1. 环境布置（城市景点、波罗诞民俗）； 2. 学生座位安排（根据身高视力、合作能力调座位）。
统整活动设计	活动名称：波罗诞·游南海神庙。 活动目的：了解黄埔的民俗特色和波罗诞的传统习俗。 活动流程： 1. 教师或者曾作为安全宣导员进行安全注意事项宣导。 2. 出发（活动路线）：从学校排队出发，队列两行，两两结对。沿人行道经过南海神庙天桥，行走至南海神庙售票处。 3. 购票： AB 组（曾、杨、张、朱、卢、魏、何）独立排队买票（学生免票，帮老师、志愿者买票），保管自己的门票，入场时把票交给工作人员检票； C 组（刘、郑、陈、邢、童）保管自己的门票，入场时把票交给工作人员检票。 4. 排队进场游览南海神庙，参观庙内的景点： A 组作为小导游轮流介绍庙内的历史文化（曾、杨、张）；

（续上表）

统整活动设计	B 组能够指出并说出庙内景点，拍景点，与同学拍照； C 组配合逛南海神庙，体验波罗诞的民俗氛围。 5．写一篇游园日记：曾用 3 句话描述事情、心情；A 组用 1～2 句话描述事情；B 组用 1 句话 + 图片写日记；C 组粘贴图片制作成日记记录。 若无法外出，以下为活动预案： 活动名称：介绍黄埔波罗诞。 活动流程： 1．介绍： A 组：用 2～3 句话介绍波罗诞的历史、由来和活动； B 组：用 2～3 句话简短介绍南海神庙的景点和民俗活动：如这是________。/波罗诞会________。 C 组：指认民俗册子图片。 2．做一段南海神庙/波罗诞的宣传视频（信息技术）。 3．展示本月学习的其他的民俗文化，拍摄波罗鸡、舞狮、武术表演等活动的拓展花絮。

表 2－9　中年部某班绘画与手工课“七彩波罗鸡”教学设计　　扫一扫

教师基本信息			
姓　名	吴天龙	学科/领域	绘画与手工
助教人员	王泓人	教学形态	个别（√）　小组（√） 团体（√）　协同（√）
教学基本信息			
班级学生基本情况	本班共有 12 名学生，其中 5 人属唐氏综合征（朱、杨、卢、郑、刘）、3 人智力障碍（曾、张、魏）、1 人多重障碍（智力障碍和多动症，陈）、3 人自闭症（何、童、邢）。学生能力水平及性格特点差异都比较大，学生能力不同点主要表现在粗大动作、精细动作、沟通、认知、自理和情绪行为 5 大方面。根据学生的障碍特点和能力水平，将其分成 A、B、C 三组：		

（续上表）

<table>
<tr><td colspan="4">教学基本信息</td></tr>
<tr><td>班级学生基本情况</td><td colspan="3">A组（曾、杨、魏、朱）：有一定的认知和理解能力，口语表达、书写能力相对较好，能自主、积极参与课堂活动，手部精细动作较强。
B组（卢、郑、张、童）：卢、张：认知、理解能力一般，能参与课堂学习，自主和独立性一般，手部精细动作一般，需要稍微提点；郑：还处于涂鸦阶段，但课堂参与度高，手部精细动作比较弱，需要特别提点；童：对课堂不感兴趣，手部精细动作一般，但配合程度高，需要特别提点。
C组（刘、何、邢、陈）：刘、何：对课堂不感兴趣，对教学指令理解较弱，手部精细动作较差，需要协助；邢：容易触发情绪问题；陈：集中注意力的时间短暂，喜欢离开座位。</td></tr>
<tr><td>主题名称</td><td>民俗悦生活</td><td>单元名称</td><td>波罗鸡</td></tr>
<tr><td>课题名称</td><td>七彩波罗鸡</td><td>班级</td><td>6、7班</td></tr>
<tr><td colspan="4">指导思想与理论依据</td></tr>
<tr><td colspan="4">《培智学校义务教育课程标准（2016年版）》提出以学生在动作阶段、具体操作阶段为准，能感知把玩物品，并对喜好之物有反映，能以个人之方式表示选择。本课程通过运用各种工具和材料，采取造型、色彩、构图等艺术手段完成作品的制作，旨在促进学生的手眼协调，培养他们的视觉、观察、绘画手工制作能力，发展审美情趣，提高其审美能力，最终促进学生适应生活、融入社会。
本月主题中，学生学习并能配合完成有关波罗鸡方面的认识、绘画和制作，强调学生的实践与操作，让学生在体验、操作、探究和解决问题的过程中获得直接经验，提高高年部学生解决生活实际问题的能力。</td></tr>
<tr><td colspan="4">教学背景分析</td></tr>
<tr><td colspan="4">教学内容：
本课选自本月主题活动“民俗悦生活”下的“波罗鸡”中的“七彩波罗鸡”。本课属造型表现领域，为新授课的第三课时。让学生运用点和线的组合去装饰波罗鸡。通过利用示范、实操、同侪互助等教学策略让学生体验课堂、参与活动，让学生掌握造型波罗鸡的方法，并提高学生的本土文化自信。
本课思维导图：情境导入→回顾认识不同的点和线→教师示范用点和线装饰波罗鸡的鸡头→学生实践→点睛仪式并开展拍卖会（展示评价）→奖励徽章。
教学方式和手段：
1. 教学方式：结构化教学，集体教学中差异教学与分组教学、个别指导相结合；
2. 教学手段：示范演绎、任务驱动、同侪互助。
相关资源：
多媒体课件、波罗鸡实物、教具和学具。</td></tr>
</table>

（续上表）

教学目标及教学重点、难点													
与 IEP 相关的个体目标	配备目标	曾	魏	朱	杨	卢	张	童	郑	刘	邢	何	陈
能模仿造型波罗鸡	能用三种以上点和线条模仿造型装饰波罗鸡	√	√	√	√								
	能描绘圆点和用直线装饰波罗鸡					√	√	√	√				
	用拓印圆点装饰波罗鸡									√	√	√	√

教学设计来源与 IEP 位置的关系（国家课程标准中高年部生活数学学科目标）：

具体教学目标：

A 组：

1. 可以独立用 3 种以上的点和线自由组合装饰波罗鸡鸡头；
2. 能主动帮助需要帮助的同学；
3. 让学生热爱波罗鸡，提高学生的本土文化自信。

B 组：

1. 可以在视觉提示下用圆点和直线描绘装饰波罗鸡鸡头；
2. 能在学习过程中，与同学和平相处，一起完成制作波罗鸡；
3. 让学生热爱波罗鸡，提高学生的本土文化自信。

C 组：

1. 可以用海绵棒拓印圆点装饰波罗鸡鸡头；
2. 能与较熟悉的同学配合学习，不排斥；
3. 让学生热爱波罗鸡，提高学生的本土文化自信。

教学重点：能够掌握不同的线条和点。

教学难点：能够用不同的线条和点的组合装饰波罗鸡。

（续上表）

教学设计过程				
教学环节	教师活动	学生活动	个别需求及特殊应对策略	设计意图
一、导入	1. 师生互问好。 2. 暖身游戏：找不同形状的点。 3. 创设情境：收到南海神庙邀请视频。邀请6、7班学生去南海神庙摆摊卖波罗鸡；拿出做好的摊位展示牌，这节课用上节课的半成品做波罗鸡，把店开起来。 4. 归结原因：没有装饰鸡头，没有画眼睛，波罗鸡都跑了，这节课用点、线、面装饰鸡头和点睛。 5. 教师进行活动预告：①装饰摊位；②设计作品；③点睛仪式；④授予徽章。	1. 师生互问好； 2. 仔细听清楚教师的指令，找到对应的点举高并击掌； 3. 安静观看视频，并回答问题。		情境导入的方式能够激发学生的学习兴趣，增强学生的学习动机。
二、讲授新知	1. 引导学生复习点的知识：小圆点、小三角形点、小正方形点、爱心形点、水滴形点……（拓展） 2. 教师讲授新知：直线、曲线、折线、电话线、蜗牛线、长城线、乱线……（拓展） 3. 我是小观察家游戏： （1）教师引导学生仔细观察波罗鸡的鸡头，看看传统波罗鸡的鸡头用了什么点和线装饰；学生回答，教师总结：直线和圆点；教师启发学生可以用不同的点和线装饰波罗鸡的鸡头。 （2）继续引导学生观察波罗鸡头上的祝福语，带出波罗鸡带来幸运和祝福的寓意。	观察波罗鸡以及观看示范微课视频，了解波罗鸡点和线组合的方式并回答问题。	刘、何、邢、陈需要用口语或图片提示替代文字提示（认知能力不足）。	以旧知带动新知，提高学生的自我效能感；通过我是小观察家的游戏，提高学生的学习兴趣和观察能力；凸显美术课程的愉悦性和视觉性；拓展波罗鸡头上的祝福语，凸显美术学科的人文性。

（续上表）

教学环节	教师活动	学生活动	个别需求及特殊应对策略	设计意图
三、学生实践+教师示范	1. 分配任务：主教对学生进行同质分组。 （1）初步感知（活动一装饰摊位）： A组自由创作，用不同的点和线装饰大纸上的鸡头。 B组在视觉提示下用点和线装饰大纸上的鸡头。 C组用气球粘上颜料拓印圆点装饰大纸上的鸡头。 （2）教师示范：播放A、B、C组的微课视频。 （3）深化练习（活动二设计作品）： A组学生：可以独立用3种以上的点和线装饰自己的波罗鸡。 B组学生：可以在视觉提示下用点和线装饰自己的波罗鸡。 C组学生能够用海绵棒在鸡头上拓印出圆点，装饰自己的波罗鸡。 2. 告知规则：主教告知波罗鸡规则——每组小组长（A组）带领B组成员完成波罗鸡。主助教巡回指导C组学生。	同侪互助： A组：独立完成后可协助C组同学完成装饰波罗鸡的任务； B组：在作业单的视觉和助教的语言提示下，独立完成用点和线组合装饰波罗鸡的任务； C组：在主教和A组的协助下，配合完成装饰波罗鸡的任务。	曾、杨、魏、朱：教导或提醒合作协助的技巧，避免代劳，使C组缺乏机会。	通过实践，让学生尝试动手用点和线组合装饰波罗鸡，检验教与学的成果；微课示范能够直接、高效地攻克本课难点；从初步感知到深化，循序渐进地练习。

（续上表）

教学环节	教师活动	学生活动	个别需求及特殊应对策略	设计意图
四、展示点评	点睛仪式：把波罗鸡贴在摊位展示牌上，进行点睛仪式。引导学生从构图和颜色方面自评和他评。教师点评，鼓励学生，肯定学生，保护学生的个体差异性。最后贴上价格牌。	学会从构图和色彩等方面进行自评和他评。最后聆听教师的评价。	刘、何、邢、陈理解能力差，语言加图片提醒。	点睛仪式，增加仪式感，增强学生兴趣；点评及奖励有利于给予学生成就感和满足感,增强自信心。
五、延伸	活动成功举办，感谢学生画的波罗鸡为宣传本土民俗做出贡献，给每个学生奖励一个波罗鸡传承者徽章；播放电子相册视频让学生回顾制作的过程。	接受波罗鸡传承者徽章；观看电子相册，回顾自己制作波罗鸡的过程。		及时奖励强化学生，提高学生的本土文化自信。

附录 2－4：“赏民俗　扬文化”波罗诞统整活动剪影

图 1　陈同学和谭同学在南海神庙线上售卖波罗鸡等手工作品

图 2　唱游与律动学科教师带学生创编波罗诞主题舞蹈

第三章

悦德德育课程

理论部分：王雯琦　周　燕

实践部分：王惠芳　林婷婷

学科支持：唐锐坚　周　沛　蔡　浔　陈　愉　傅　君　胡丹阳
李素利　劳子贤　宋锐芳　肖晓怡　王蓉娟

第一节 悦德德育课程建构

党和国家一直把教育放在优先发展的战略位置上。习近平总书记一直倡导教育公平，提出努力让每个人都有人生出彩的机会的教育观。普通人可以活出精彩的人生，特殊人群也可以活出精彩的人生。

特殊教育学校德育在特殊儿童发展中的导向作用极其重要。特殊教育学校德育不仅对特殊儿童有育德功能，而且通过育人还发挥着重要社会功能。德育的育德功能就是培养学生对他人、他物、他事的正确态度，引导学生懂得为人处事的行为规范和行为方式。

现代的教育观重视学生在生活中的发展，强调学生在发展中的主体地位，视教育为学生在教师引导下不断自我建构的过程。学校德育是指学生在教师的引导下，进行学习活动、社会实践、日常活动。

基于此，启智学校在“悦文化”的浸润下，基于“三悦课程”的体系，开发构建了悦德德育课程。

一、课程理念

《中小学德育工作指南》提出我国中小学德育的总目标是：“培养学生爱党爱国爱人民，增强国家意识和社会责任意识，教育学生理解、认同和拥护国家政治制度，了解中华优秀传统文化和革命文化、社会主义先进文化，增强中国特色社会主义道路自信、理论自信、制度自信、文化自信，引导学生准确理解和把握社会主义核心价值观的深刻内涵和实践要求，养成良好政治素质、道德品质、法治意识和行为习惯，形成积极健康的人格和良好心理品质，促进学生核心素养提升和全面发展，为学生一生成长奠定坚实的思想基础。”

学校的悦德德育课程以人的全面发展为核心引领，遵循以下理念：

（一）社会主义核心价值观

2014 年习近平总书记在庆祝儿童节活动时强调，要让社会主义核心价值观的种子在少年儿童的心中生根发芽、真正培育起来。即要以社会主义核心价值观为主线，始终贯彻于幼儿教育的全过程，做到全程、全面、全方位育人。习近平总书记关于新时代幼儿教育的重要论述起源和内发于社会主义核心价值观，是社会主义核心价值观在幼儿教育领域中的集中体现。

（二）知行合一，在做中学

进行德育要注重引导学生把思想政治观念和社会道德规范的学习同参与生活实践结合起来，把提高道德认识与养成良好道德行为结合起来，做到心口如一，言行一致。

（三）德育内生理论

德育过程是学生在教师指导下的个体品德的自主建构过程。儿童、青少年品德形成过程的“外塑—内化—内生—外化”程式与规律，揭示出“内生外化——外塑意在内生，内生方能外化”的德育原理“他律到达自律，自觉达成自为”。《德性内生》一文提出的儿童、青少年品德发展的“他律—自律—自觉—自为”程式与品德形成的“外塑—内化—内生—外化”程式，是对儿童、青少年品德形成、发展规律和原理内涵的一种更为丰富、深入与完整的认识及总结。

（四）习近平总书记关于立德树人的阐释

习近平总书记强调，要把立德树人融入思想道德教育、文化知识教育、社会实践教育各环节，贯穿基础教育、职业教育、高等教育各领域，学科体系、教学体系、教材体系、管理体系要围绕这个目标来设计，教师要围绕这个目标来教，学生要围绕这个目标来学。要把立德树人的成效作为检验学校一切工作的根本标准，做到明大德、守公德、严私德。

二、实施策略

（一）管理育人——全面提升育人主体素质

将《中小学德育工作指南》作为学校开展德育工作的基本遵循，纳入校长和教师培训的重要内容，进一步提升全体教职工德育工作水平。

强化班主任师德建设，做人为先，强化三观教育。班主任是班级活动的组织者和领导者，是班级学生的教育者，是联系各任课教师的纽带，是班级管理的核心，也是学校德育工作的骨干力量。班主任工作的状况与质量，深刻影响每个学生的全面发展。学校通过基础工程，遴选组建班主任队伍，制定明确的班主任工作制度；通过主题工程，定期开展管理技巧培训会、管理经验座谈会、复杂个案研讨会等“五会”，持续提升班主任的管理经验与能力；通过美化工程，加强师德修养。每学年的师德演讲和成功案例分享等活动，都让班主任更加明心见志、坚心守志。通过班主任技能大赛、骨干班主任遴选等方式以赛促教，全面提升班主任的核心素养和综合素质。

（二）课程育人——坚持以人为本，施以适切教育

通过学科课程渗透德育。《培智学校义务教育课程标准（2016 年版）》指出，课程要坚持以育人为本，立德树人，践行社会主义核心价值观，弘扬民族精神。所以在各学科课程中融入德育，对学生进行潜移默化的教育是文件精神的体现，也是对德育模式的有效探索。

通过主题班会强化德育。班会是向学生进行思想教育的一个重要阵地。知识能为学生品德的形成奠定认知基础，但学科教学往往只专注于学科知识的教与学，知识转化为品德还需要将知识和学生实际生活相联系，与学生思想“对话”，激发学生的道德需要。学校定期开展环保、节日、消防、防震等相关主题班会，提高学生的安全、环保意识和传统文化知识。

通过第二课堂丰富德育。课外活动与校外活动对培养学生的志趣、才能，丰富和活跃他们的生活，促进他们的德、智、体全面发展有重要意义。学校注重有计划地开展课外活动和校外活动。在校内，学生可在兴趣活动课丰富自己的知识与技能，可以参与广播站、少年邮局等活动来拓展自己的服务范围。在校外，学校在 2020 年新冠肺炎疫情发生之前每学期定期组织学生春游和秋游，让学生感知和体验自然，并享受参与集体活动的乐趣。组织学生参观广东太古可口可乐有限公司，增长学生的见闻，丰富学生的社会实践。

（三）实践育人——教育与生产劳动、社会实践相结合

这是学校德育尤其是劳动教育的重要途径，有着让学生在做中学、在交往中学的特点。有意义的劳动和社会实践，能够提高学生的责任意识、服务意识，让学生形成勤俭、朴实、艰苦、顽强等品德，在德育上有着不可或缺、不可替代的意义。学校低、中、高三个年部都注重培养学生的劳动意识和劳动能力，能根据

学生的实际开展日常劳动教育和劳动实践，逐步使学生养成爱劳动、参与劳动的意识和习惯。在学雷锋主题月中，学生会到学校附近的社区清洁打扫卫生，参与社会公益劳动，这在实践中培养了学生的社会意识和责任意识。在环保主题月中，抓住每年的植树节的契机，学校会与区内的普通小学进行融合活动，共同参与浇灌与种植树木活动，为学校献上新绿。

（四）党团队育人——探索爱国主义教育

学校充分发挥党支部政治核心作用，坚持党建引领，通过主题鲜明、丰富多彩的党日活动来带动共青团和少先队的活动。共青团和少先队作为青少年自己的组织，开展团队活动，能激发学生强烈的上进心、荣誉感，使他们能够严于律己，自觉提高思想品德，这是德育的重要途径。学校每学年组织开展常规的入队仪式和入团仪式，并培养了一批优秀的国旗班同学，国旗班同学轮流负责每个星期的升旗礼。通过国旗下的讲话，定期对学生进行爱国、爱党、爱团、爱队教育。

（五）活动育人——提供多元化舞台

在"悦生融智"的管理理念下，坚持五育并举、学校德育为先的原则，从"知、能、行"三大部分进行少先队思想教育。以实践体验为输入，以丰富多彩的功能性活动为输出，培养学生的体能艺能、道德修养。让学生在活动中学习知识，掌握技能，表达情感，为融入社会迈出坚实的一步。学校潜心多元化教育，育人效果明显，自信乐观的启智学生活跃在艺术、足球等舞台上，绽放着自己的精彩，更是在各级各类比赛中获奖数百项。

（六）协同育人——打造一体化育人环境

营造生活化校园环境。为建立良好的校园生活，使德育在各个途径中真正到位，使之互相补充，构建整体效应，启智学校根据学校和学生实际，在每月教学下的统整活动中为学生还原真实的生活情境，让学生能够学以致用，在活动中实践所学知识。增加跨班的活动与交往、融入科技创新元素，并逐步形成学校的特色。

推进科学家庭育人环境。通过家长委员会、心悦志愿者服务队、校务监督委员会等形式，让家长成为学校管理主体，拉近家校距离。家长学校定期推出专业讲座和提供心理辅导，为家长提供科学家庭教育方法，并通过家访、家校群、微信打卡小程序等形式对家庭生态环境进行指导，创建家校共育新模式。

争取接纳社会融合环境。与学校所在社区保持友好的联系，十年中在社区居委会的帮助下，学生会到社区超市、早餐店进行消费，定期到社区进行清洁、义卖、养老院慰问等志愿服务。在社区活动中，学生也会进行表演助兴。社区居民对学生的接纳度较高，给予学生最大的友善，学生有了美好的融合初体验。

三、未来展望

一是促进学生品德的自觉能动性。德育过程作为一个动态系统，是一个变化发展的过程。未来学校将保持完善“悦生融智”课程，进一步满足学生的德育道德需要，激发学生的道德情感，启发学生的道德觉悟，引导学生履行道德责任，追求人类的合理存在，从而形成个人良好的品德，成为道德主体。

二是不断完善学校德育工作长效机制。学校德育工作应形成长效机制，形成分工合力，形成常态教育，以全面提高学校德育工作水平。学校德育工作要从多方面、多途径承担起对学生人格教育的重任，要以社会主义核心价值观为核心，将学生德育作为学校的重要工作、常态工作。

三是融合模式探索。积极利用班级、学校、家庭、社区、社会等多方资源，探索更为广阔的融合空间和有效的融合模式。使学生形成正确的自我认识，获得良好的人际交往能力和积极适应社会的能力。

第二节　悦德德育课程实践

为培养学生对他人、他物、他事的态度，引导学生懂得为人处事的行为规范和行为方式，形成积极健康的人格和良好心理品质，促进学生核心素养提升和全面发展，学校以团队活动和社会宣导为载体，引导学生社会性的良好发展。下文以红领巾种植实践活动和少年邮局实践活动为例，探索特殊儿童的德育路径。

一、红领巾种植实践活动

劳动教育是新时代育人的必要途径，其核心价值是以劳促全，促进德智体美劳的全面发展。在劳动教育实践中，教师教育引导学生崇尚劳动、尊重劳动，懂得劳动最光荣、劳动最崇高、劳动最伟大、劳动最美丽的道理，让学生长大后能够辛勤劳动、诚实劳动、创造性劳动。

学校依托于每年3月的例行植树节活动，发动师生进行种植劳动实践，促进绿色环保生态校园建设。依据校园现有空地建设种植劳动实践活动基地，学校致力于从教师引领、专家指导、家长辅助、学生种植四个方面打造师生一家校共同的绿色生态校园，在种植劳动过程中实现德育目标。

（一）开辟红领巾种植园

建校以来，校园争取最大面积绿化也同时考虑物种色彩丰富、布局合理美观。学校成功地将原有围墙边空余出来，分给各班进行盆栽土培。经过十年的精心培育，围墙周边处处焕发着生机，各种盆栽点缀着校园，学生也在一次次欢笑和汗水中不断成长。在每年的“我为启智添新绿”植树节活动中，都可以看到学生浇水除草的身影，尤为记忆深刻的是2019年启智学校的学生与苗头小学的学生一起捐赠、种植“友谊树”，这不仅仅传递了两校学生的友谊，也在学生心中埋下了责任、环保、合作的品德种子。随着植物一年年的成长，学生的环保意识、责任意识、吃苦耐劳等优秀品质都在不断提高。

图3－1　友谊树捐赠仪式

（二）开垦荒地建菜园

为了实践《培智学校义务教育劳动技能课程标准（2016年版）》，2018年，高年部的方凯专老师带领着学生在教室旁边的空地上开垦荒地，并清理原有空地的杂物、杂草，清除原有遗留的建筑回填土，更换新土，根据现有土地面积为学生的种植劳动实践分区。

图 3－2　师生下地松土

他们种植了生菜、白菜、香菜、芥蓝、茼蒿等，后来还把自己所种植的食材送上了餐桌。学生第一次拥有自己的一片土地，第一次体验下地干活，他们就像对待自己的孩子一样去培育自己的蔬菜，每天来到学校第一件事就是去浇浇水。

图 3－3　师生给菜园浇水

当我们看到那一块块绿油油的地时，我们同时也看到了学生自信、自豪的笑容。我们看到了笑容，意味着学生懂得了劳动的艰辛与价值，懂得了食物的来之不易，更加珍爱生命。

图 3－4 绿油油的小菜园

（三）开拓水培种植角

近年来，由于土地资源有限，为了把环保理念辐射到其他班级，我们开拓了水培种植角，作为劳动课程的特色项目，让学生亲历水培的各个环节，努力达到知能行相统一。学校基于建构主义的教学方式，将劳动教育项目式学习方式引入课堂，让学生在水培种植中以待解决的真实问题为驱动，建立水培小组，在合作培育过程中锻炼学生的分享、控制、等待、坚持、互助、自我管理等综合能力。

在水培种植的初期，教师带领学生一步步查阅资料，讨论植物的生长问题，记录自己的水培过程，虽然水培相对于土培更为省力，但是学生也付出了百般的努力。因为是第一次学习水培，在水培麻豌豆的过程中，学生尝试跟着教师制订种植计划，在操作前仔细地核对自己要准备的工具，与自己的小组成员认真合作分工，每一个人都根据自己的优势选择自己的任务。

图 3－5　学生仔细核对水培工具

图 3－6　水培小组合作完成麻豌豆的催芽过程

学生在水培种植中会遇到各种问题，各科教师通过协同教学，帮助学生解决问题。如学生与生活适应老师一起制订水培种植计划，成立水培小组；在语文老师的引导下书写种植日记，观察豌豆苗的生长；学着信息技术老师的样子给种子拍照，记录豌豆苗的生长过程；请教数学老师时间管理方法与测量种子的发芽长度；向劳动技能老师学习泡种、催芽、育芽和收割的完整种植过程，最后制作了上汤豆苗、豆苗猪肉饺子等菜肴。

图 3－7　学生学习测量豌豆苗的发芽高度

图 3－8　学生学习给豌豆苗拍照记录生长过程

当学生学会之后，他们也能够在家中进行水培种植。他们在家里能够通过观看微课或者教材，自己准备工具，按照步骤操作并做好记录。家长与孩子一起期待豌豆苗的生长，也启发孩子一起思考遇到的问题，当他们在家也种出来一盆豌豆苗时，家长和孩子都流露出满足的笑容。

图 3－9 学生在家完成操作后做好记录

图 3－10 学生在家收割豌豆苗

不止于此，学生还把水培的豌豆苗带到社区义卖，以此建立与社会的链接，社区的奶奶们都对这种环保的菜品非常感兴趣，甚至在我们的订购单上预定了一些菜品。学生通过这些活动更加体会到劳动的满足和愉悦，也理解了劳动的责任与价值，并且更有动力凭借自己的双手种出令人满意的菜。

图 3－11 学生向阿姨介绍自己种的菜

图 3－12 学生为购买的阿姨收割豌豆苗

学校开展环保实践以来，学生整体素质发生较大变化，劳动教育的融通效应显现，学生在各个领域的发展都得到明显提升。学校环保实践表明：种植劳动弥补了城市学校体力劳动教育场地的缺失，开辟一片独特的天地，磨炼了学生的耐心和意志；项目式学习重塑了劳动教育课程，让课程变得鲜活、有力、有趣；融合理念让劳动教育具有了永恒的灵魂，让项目式学习如虎添翼，让学生的社会适应步入新境界。自立自强的种子生长在学生心灵的中央，让劳动最美丽最光荣最伟大的观念得以真实落地，让学生真正获得独立生活的能力。

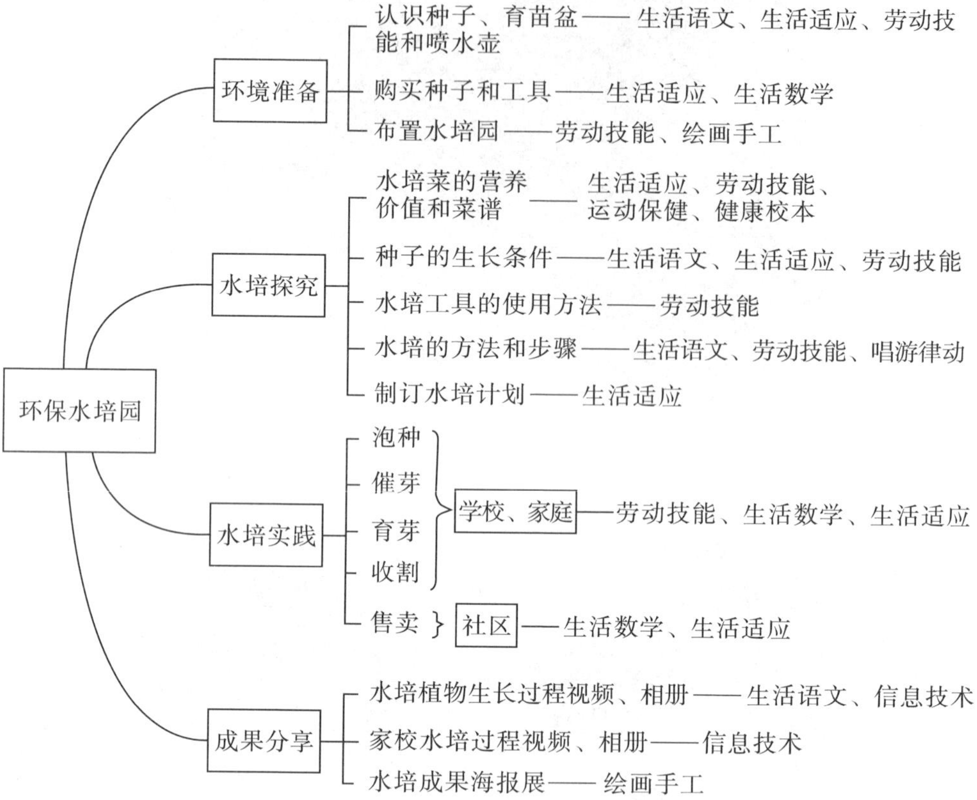

图 3－13 “环保水培园”月活动计划

表 3－1 “水培麻豌豆之我会催芽”公开课教学设计

扫一扫

教学基本信息			
单位	广州市黄埔区启智学校	执教者	主教：王惠芳 助教：王蓉娟、李素利
学科/领域	劳动技能	年级	九年级
主题名称	环保悦生活	单元名称	种植初体验
课题名称	水培麻豌豆之我会催芽		
国标	劳动技能课程标准 种植劳动：种植当地农作物		

（续上表）

教学设计背景
近日，教育部正式发布《义务教育劳动课程标准（2022年版）》，将劳动从原来的综合实践活动课程中完全独立出来，劳动课正式成为中小学的一门独立课程。这要求全社会必须高度重视，采取有效措施切实加强劳动教育。农业生产劳动属于该标准中十个任务群之一，其中水培种植作为无土栽培的一种方式，在不同学段涉及不同难度的劳动清单，同时《培智学校义务教育劳动技能课程标准（2016年版）》也包含了简单生产劳动技能的课程标准。该标准强调，培智学生需要通过自我服务劳动、家务劳动、公益劳动和简单生产劳动技能的学习，形成独立或半独立的生活能力，为平等参与社会生活和就业打下基础。生活问题是他们面临的大部分问题，而水培种植可以在一定程度上解决疫情环境下的食物问题，也能培养学生绿色健康的生活方式。 培智学校劳动教育项目式学习是以学生在劳动中需解决的真实问题为驱动，关注小组合作，在劳动协作中，学生的分享、控制、等待、坚持、互助、自我管理等综合能力得到发展，这种学习方式适合综合性实践活动，体现跨学科及学科整合的原则。而水培种植就是这样一种综合性的实践活动，因其生活性和活动性的特点，能够充分吸引培智学生参与学习，借助项目式学习更能帮助培智学生主动进行劳动知识和技能学习的建构，进而培养学生的核心劳动素养，促进他们知情意行的综合发展，因此本节课采用项目式学习方式构建。
教学设计思想
1. 新时代的劳动育人观 作为当代中国马克思主义、21世纪马克思主义，习近平新时代中国特色社会主义思想继承发展了马克思主义劳动理论。习近平总书记指出，“人类是劳动创造的，社会是劳动创造的”，“劳动是推动人类社会进步的根本力量”。2020年，中共中央、国务院印发了《关于全面加强新时代大中小学劳动教育的意见》，劳动教育重回“五育”，地位与德智体美“四育”并列，且含有促进人全面自由发展的价值根基，具备树德、启智、健体、育美的功能。水培种植实践作为一种新时代农业生产劳动教育内容，既是促进新农业发展进步的助推器，也是体现劳动教育全面育人的有效手段。 2. 多元智力理论的教育观 加德纳的多元智能理论认为，人类的智能有七种，分别是语言智能、数学智能、空间智能、运动智能、音乐节奏智能、人际关系智能、自省智能，后来又提出了自然观察智能。而教育的作用就在于发现特殊儿童的智能特点，为多种智能在原有基础上的发展提供必要条件，促使学校和教师发现学生的差异性的智能构成，以项目式学习的形式整合课程内

（续上表）

容，让儿童的优势智能带动弱势智能的发展。水培种植就是一种集语言智能、数学智能、空间智能、运动智能、人际关系智能、自省智能和自然观察智能为一体的活动，特殊学生在学习水培种植过程中，通过探究问题提高语言智能，尝试计划与修改计划提高自省智能，团结协作改善人际关系智能，实践探索提高运动智能，观察记录提高自然观察智能和数学智能，促进身心的全面发展。在评价学生时，该理论崇尚多元立体的评价观。本课基于此构建师生评价、亲子活动评价及生生互动评价的体系，全面、客观评价学生的现实水平和核心素养的提升情况。

3. 建构主义的教学观

传统的说教型劳动课、一次性的体验式劳动、一般性的主题劳动活动等都比较零散，劳动内容空泛、劳动参与形式化，缺乏有效整合。水培种植作为一种综合实践活动，其实施需要建构主义的范式变革，建构主义理论则需要具体的方法转化与实践，项目式学习就是一种体现建构主义的具体教学方式。项目式学习以其内源性、整合性、实践性和创生性等突出特性，可以成为实施水培种植劳动教育的抓手。教师在课堂中的角色是学生的引路人、资源的提供者和学习活动的参与者，通过训练式劳动向启发式劳动的转变，增强学生劳动的主动性。

4. 以人为本的学生观

基于项目式学习的培智学校劳动教育，要把握以生活为导向的原则，设计适合学生的劳动项目问题。水培种植与学生真实的生活问题紧密结合，在种植项目中，可以赋予学生一个真实存在的社会角色——小农夫，并在学习中实现劳动的价值。在开展项目之前，坚持以学生为中心，提供各种静态和动态的支持策略，充分尊重学生的选择、喜好和学习特点，激发他们的劳动积极性和主动性，在能力分析的基础上根据每个学生的优势和弱势组建恰当的学习合作小组，力求满足个体在小组中的学习需求，保证每个学生的参与性和平等性。

教学背景分析	
教材分析	本课基于江苏省劳动与技术小学教科书六年级下册中的“家庭种植”单元相关内容自编教材。 本单元共 4 个课时，主题为“种植初体验”，主要学习水培种植，根据当季的气候条件，选择了成活率较高的应季种子——麻豌豆。以麻豌豆为例，进行水培技术的教学。水培麻豌豆主要包括泡种、催芽、育芽和收割四个部分，实践之前需要学习理论知识，了解种子的生长条件、所需工具以及操作步骤。本课为第 2 课时，在前面的课时中，学生已经完成了水培麻豌豆的泡种阶段，本节课的主要教学内容为水培的催芽方法，让麻豌豆成功发芽。本课时在本单元的位置如下图所示：

（续上表）

教材分析	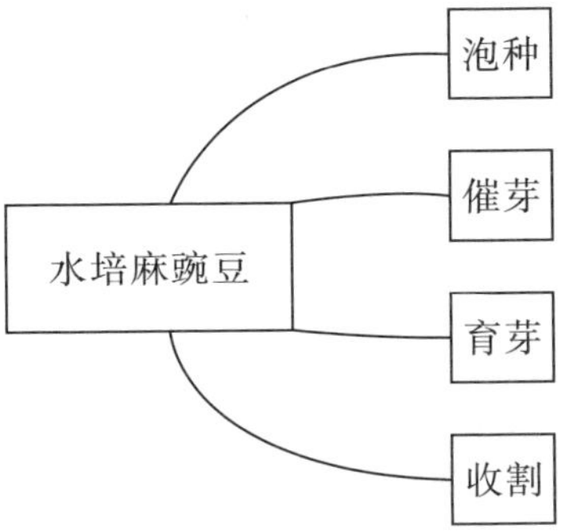
学情分析（含学生分层设计）	本课授课对象为九年级学生，共 9 名学生，包括 1 名自闭症学生（黄）、2 名唐氏综合征学生（侯、莫）、6 名智力障碍学生（韦、林、姚、谢、陈、阳）。在前面的课时中，学生已经认识了麻豌豆的形状和营养价值，了解种子的生长条件和水培的工具——育苗盆，知道其分为盖子、网格盘和托盘，并且应用育苗盆完成了泡种。根据学生的特点和能力水平，可将其分成三组进行分析： 独立操作组——莫、姚、侯，他们在操作技能方面的优势更明显，能够自己进行 5 ~ 6 步操作。其中，莫和侯在语言表达和理解方面较弱，姚在语言逻辑方面较弱。 提示操作组——陈、谢、林，他们在语言表达和理解方面的优势更明显，操作需要部分提示，能够自己进行 3 ~ 4 步操作。其中，陈容易因为着急在操作中发生错漏，谢的注意力很容易分散，林的启动和操作速度较慢。 配合操作组——韦、黄、阳，他们在语言理解方面的优势更明显，操作需要较多提示。其中，韦的配合度较弱，需要经常提醒；阳和黄的操作主动性较弱，需要不断鼓励。 根据学生的优弱势，在课堂中引导学生进行异质分组，即在独立操作组、提示操作组和配合操作组的学生中各选一位合并成劳动技能学习小组，小组组成人员分别为： 第一组：莫、陈、韦，组长为陈； 第二组：姚、谢、黄，组长为谢； 第三组：侯、林、阳，组长为林。

（续上表）

教学三维目标及教学重点、难点	
教学三维目标	【认知目标】 了解水培麻豌豆的发芽条件、材料和工具以及催芽操作步骤与注意事项。 【能力目标】 独立操作组（莫、姚、侯）： 1. 自行准备材料和工具——泡好的种子、育苗盆和喷水壶。 2. 按顺序独立完成“倒入种子—均匀铺平—倒托盘水—均匀喷水—盖上盖子—做好记录”6 个催芽步骤。 3. 遇到问题能求助。 提示操作组（陈、谢、林）： 1. 在提示下检查材料和工具是否齐全。 2. 在提示下按顺序完成“倒入种子—均匀铺平—倒托盘水—均匀喷水—盖上盖子—做好记录”中至少 4 个催芽步骤。 3. 遇到问题能求助。 配合操作组（韦、黄、阳）： 1. 配合准备材料和工具——泡好的种子、育苗盆和喷水壶。 2. 按顺序配合完成“倒入种子—均匀铺平—倒托盘水—均匀喷水—盖上盖子—做好记录”中至少 3 个催芽步骤。 3. 遇到问题能求助。 【情感与态度目标】 提高劳动、责任和环保意识，培养团结协作、勤劳节俭和珍惜劳动成果的品质。
教学重点	学会水培麻豌豆的催芽步骤。
教学难点	均匀铺平和均匀喷水。

（续上表）

个别化目标	教学目标来源与 IEP 位置的关系 （国家课程标准与对应学科目标）									
与 IEP 相关的个体目标		陈	谢	林	莫	姚	侯	韦	黄	阳
国标	教学目标									
种植当地农作物	正确准备材料和工具	√	√	√	√	√	√	√	√	√
	按步骤和注意事项完成水培麻豌豆的全部催芽步骤				√	√	√			
	按步骤和注意事项完成水培麻豌豆的至少 4 个催芽步骤	√	√	√						
	按步骤和注意事项完成水培麻豌豆的至少 3 个催芽步骤							√	√	√
	遇到问题能求助	√	√	√	√	√	√	√	√	√

相关资源及备注事项	
相关资源	水培工具（12 套）、泡好的种子（12 份）、水盆（3 个）、水壶（3 个）、三个问题的学习材料（5 份）、种子图片（贴育苗盆，12 份）、种子名称和学生姓名（12 份）、导入视频（1 个）、催芽操作视频（3 个）、PPT。
备注事项（含预案）	1. 若网络出现问题，用备用图文贴白板。 2. 若学生韦频繁咬手或说“下课了”引起全班同学注意，主教先让其上台帮忙指认或贴图，或助教先行将其带去进行水培实践。 3. 若网格盘漏水或种子洒了，暂停学生手中的任务，引导学生处理干净。

教学设计过程

教学环节	教师活动	学生活动	设计意图	个别需求及特殊应对策略	时间安排
一、导入	1. 上课仪式 （1）播放《劳动最光荣》视频。 （2）小组亮相，师生问好。 2. 创设情境 与其中一组成员的对话： 王：最近因为新冠肺炎疫情，同学们只能在线上上课，大家有没有看到新闻，很多疫区的家庭都在疯狂“囤菜”（播放视频）。	1. 小组成员轮流展示 悦:我是小悦。 文:我是小文。 华:我是小华。 悦文华：我们是劳动技能学习小组。	提高学生警醒度和专注度；创设跟学生相关的情境，提高他们的学习动机；以旧水带新，将培步骤串起来。	韦注意力不够集中，需及时互动。	5 分钟

（续上表）

教学环节	教师活动	学生活动	设计意图	个别需求及特殊应对策略	时间安排
一、导入	华：要是我自己会种菜就好了，就不用去超市抢菜了。 王：那如果你们能种菜，想种什么菜呢? 悦：我想种芽苗菜，听说营养又简单，像这样的（播放图片）。 文：我最近在水培麻豌豆，刚刚完成了泡种，给你们看看（视频）。 悦、华：哇! 文：我的种植计划中下一步是催芽，但是我不知道怎么做。 王：没关系，今天王老师就和你们一起来学习水培麻豌豆之我会催芽。 3. 预告流程 （1）探究学习：看一看，讲一讲。 （2）劳动体验：试一试，做一做。 （3）交流评议：说一说，评一评。 （4）拓展创新：练一练，试一试。	2. 认真聆听师生对话，认真观看视频，回忆之前学的知识点。			

（续上表）

教学环节	教师活动	学生活动	设计意图	个别需求及特殊应对策略	时间安排
二、探究学习	1. 资料搜索 教师提问：①水培麻豌豆发芽需要的生长条件是什么？②水培麻豌豆的催芽过程需要准备什么？③水培麻豌豆的催芽步骤包括什么？ 2. 头脑风暴 （1）各组教师发放教材，播放催芽视频。 （2）各组教师带学生讨论，从问题 1 到问题 3（助教李带第一组、助教王带第二组、主教带第三组）。 （3）各组教师着重引导关键问题讨论——如何均匀铺平、如何均匀喷水。 3. 小组汇报 （1）教师请学生汇报水培麻豌豆的发芽条件——水、适宜的温度、通风，逐一播放 PPT。 （2）教师请学生汇报水培麻豌豆的催芽所需工具和材料——育苗盆、泡好的种子、喷水壶，逐一播放 PPT。 （3）教师请学生汇报均匀铺平的方法，教师引导学生上台操作，示范正确与错误的铺平方法。	带着问题观看视频；拿出资料进行讨论；小组长汇报，组员协助；领取自己的任务单，查看注意事项。	提高学生的专注度；引发学生主动学习、积极思考、自主探究；培养合作精神。	组长表达时可能会有些退缩，需积极鼓励。	10 分钟

（续上表）

教学环节	教师活动	学生活动	设计意图	个别需求及特殊应对策略	时间安排
二、探究学习	（4）教师请学生汇报均匀喷水的方法，教师引导学生上台操作，示范均匀喷水。 （5）教师请学生汇报每个步骤的注意事项，并逐一播放 PPT 视频，做出总结。 第一步，倒入种子（视频）。 王：注意，每一颗种子都是珍贵的生命，记得把全部的种子都倒进去哦。 第二步，均匀铺平（视频）。 悦：老师，怎么才算均匀铺平呢？ 王：种子千万不能重叠，看，全部种子在同一平面上才是对的。 第三步，倒托盘水（视频）。 王：在种子发芽之前托盘都不需要存水。 第四步，均匀喷水（视频）。 王：按照从上到下，从左到右的顺序进行喷水，全部种子都湿了就可以啦。 第五步，盖上盖子（视频）。 王：除了喷水和通风时间，其他时候都需要盖上盖子。 第六步，做好记录（视频）。				

（续上表）

教学环节	教师活动	学生活动	设计意图	个别需求及特殊应对策略	时间安排
三、劳动体验	【分组实践】 （1）请各组熟记 SEEWO 游戏步骤，先完成的小组先去操作。 （2）各组教师引导学生选择催芽材料和工具去操作区——育苗盆、泡好的种子、喷水壶。 （3）教师请各组中独立操作的学生把流程复述一遍，并请其独立完成“倒入种子—均匀铺平—倒托盘水—均匀喷水—盖上盖子—做好记录”步骤，其他小组成员在旁边观看。 （4）请各组提示操作的学生轮流操作，其他小组成员在旁观看，检查操作是否准确，提出问题，引导学生讨论解决的方法。 （5）拍摄学生操作视频，主要拍摄存在问题的均匀铺平和均匀喷水视频。	（1）按顺序完成操作。 （2）有问题及时请求帮助。	帮助学生从理论走向实践，在实践中发现问题，解决问题。	韦和黄依赖他人提示，尽量用提问的方法启发提示；姚、韦和林注意力不集中，容易被其他事物吸引，提醒其他小组成员保持安静。	12 分钟

（续上表）

教学环节	教师活动	学生活动	设计意图	个别需求及特殊应对策略	时间安排
四、交流评议	1. 记录分享 (1) 各组教师在学生实践完成后带学生回来，引导学生完成水培记录表，教师完成评价表。 (2) 请学生填写评价表进行自评和组内小组成员互评，带组教师再进行评价。 (3) 请学生分享催芽的经验，说说自己遇到问题是如何解决的。 2. 小结评价 (1) 主教播放学生操作视频，反馈遇到的问题，请大家一起解决。 (2) 评价各组学生，总结问题和解决方法。	(1) 完成记录表和评价表。 (2) 认真聆听教师评价。	增强后期照顾自己植物的积极性和责任感；及时反思和调整自己的行为。	部分学生可能会先完成，可以让他们观看自己操作的视频。	5 分钟
五、拓展创新	(1) 教师总结本节课的教学重点。 (2) 除了麻豌豆，还有其他种子可供学生选择种植。 (3) 布置家庭作业，提供参考书籍供学生学习，让学生回家种植一盆水培麻豌豆或者其他蔬菜。	认真聆听。	强化本节课的学习内容。		3 分钟

（续上表）

<table>
<tr><td colspan="11">板书设计</td></tr>
<tr><td colspan="11">板书设计：
水培麻豌豆
水培麻豌豆的催芽步骤包括什么？
第一步：倒入种子
第二步：均匀铺开
第三步：倒托盘水
第四步：均匀喷水
第五步：盖上盖子
第六步：做好记录</td></tr>
<tr><td colspan="11">学习效果评价设计</td></tr>
<tr><td colspan="2">与 IEP 相关的个体目标</td><td rowspan="2">陈</td><td rowspan="2">谢</td><td rowspan="2">林</td><td rowspan="2">莫</td><td rowspan="2">姚</td><td rowspan="2">侯</td><td rowspan="2">韦</td><td rowspan="2">黄</td><td rowspan="2">阳</td></tr>
<tr><td>国标</td><td>教学目标</td></tr>
<tr><td rowspan="5">种植当地农作物</td><td>正确准备材料和工具。</td><td>3</td><td>3</td><td>3</td><td>3</td><td>3</td><td>3</td><td>2</td><td>2</td><td>2</td></tr>
<tr><td>按步骤和注意事项完成水培麻豌豆的全部催芽步骤。</td><td></td><td></td><td></td><td>3</td><td>3</td><td>3</td><td></td><td></td><td></td></tr>
<tr><td>按步骤和注意事项完成水培麻豌豆的至少 4 个催芽步骤。</td><td>3</td><td>3</td><td>3</td><td></td><td></td><td></td><td></td><td></td><td></td></tr>
<tr><td>按步骤和注意事项完成水培麻豌豆的至少 3 个催芽步骤。</td><td></td><td></td><td></td><td></td><td></td><td></td><td>2</td><td>2</td><td>2</td></tr>
<tr><td>遇到问题能求助。</td><td>3</td><td>3</td><td>3</td><td>2</td><td>2</td><td>2</td><td>2</td><td>2</td><td>2</td></tr>
<tr><td colspan="11">评分标准：0 分：一点都不会；1 分：肢体协助下完成；2 分：口头提示下完成；3 分：独立完成。</td></tr>
</table>

（续上表）

教学设计的特点
（1）基于本班"环保形象代言人"的主题活动设计，创设问题情境，引入支架式教学模式，搭建支架，学生以小组为单位讲解发芽的生长条件、工具和催芽过程。学生学习能力、理解能力、逻辑能力和表达能力在这一阶段得到充分培养。协作学习阶段，小组长带领组员完成本组的催芽步骤，共同面对催芽时遇到的困难，思考问题，解决问题，教师逐步撤除支架；评价阶段，学生组内完成水培记录，进行自评，组内互评，教师共同评价，兼顾过程评价和数据分析，进行全面评价。 （2）注重学生团结合作、自我决策和处理问题等综合能力的培养，小组长带领组员共同完成任务，处理问题的方式也由学生自己讨论。 （3）体现因材施教的理念，面向全体，兼顾个别，为能力较弱的学生提供恰当而有吸引力的任务，帮助学生提高自我效能感。
教学反思
（1）在小组讨论环节，学生不知道如何发起讨论，需要平时多多锻炼小组长的组织领导能力。 （2）学生在小组合作时容易出现代劳的情况，需要加强小组合作的教学。

二、少年邮局实践活动

（一）少年邮局成立

新时代培智义务教育生活适应、劳动技能等学科注重养成劳动习惯的初级阶段、着重培育劳动技能的中级阶段以及提升就业能力的高级阶段。少年邮局通过职业角色体验提高培智学生对职业的了解以及自我认知、与人沟通等能力，能够提升学生自我角色认同，落实学生生涯教育，为回归社会、融入社会、独立生活奠定基础。

2013 年 6 月 1 日，广州市黄埔区启智学校少先队正式启用"少年邮局"，在大队活动室进行了少年邮局的挂牌仪式。在校园中设立少年邮局，主要是为了培养学生的兴趣和能力，促进青少年集邮活动的开展，有利于学生德智体美素质的提高。此外，这项活动能增强学校集邮的吸引力，提高学生集邮的兴趣，培养青少年集邮的骨干力量，方便青少年的集邮和通信。学校少年邮局由黄埔区邮政部门命名并列入建制，由在校学生管理，按照邮政规章办理部分邮政业务，义务为学校师生服务。学校高年部学生通过推选、竞聘上岗，分别在邮局营业部、投递部两个部门任职。每逢六一、迎新、艺术节、校庆等节日，少年邮局在校门口设立邮箱为全校学生、家长、教师提供邮政服务。由学生局长和邮递员轮值，进行收发信件、盖纪念邮戳、整理打扫等工作，各个职位分工明确。

在特殊学校开办特色少年邮局，有助于学生开阔社会视野，增加知识窗口，促进认知交往能力，提升实践经验，为将来融入社会打好基础。

作为全国培智学校第一所少年邮局，这里的活动形式多样，内容丰富。每一届少年邮局的成员都能以身作则，认真履行自己的工作职责，为特殊儿童做了一个很好的表率。这让特殊儿童的学习活动开展得有声有色，和谐暖人。

（二）少年邮局实践活动

学校紧紧围绕全面推进素质教育的指导思想，积极探索、悦以创新，深化各项教育教学活动。学校依托特色邮戳、特色明信片等项目，给学生打造一片方寸世界，以明信片、邮票、邮戳的内容来丰富学生各方面的知识，用邮文化“读万卷书，行万里路”的世界观潜移默化影响学生，让培智学生扩大视野，拥有积极向上地面对学习、面对生活的自强态度。

少年邮局通过 9 年摸索实践，逐步形成了“社团活动—社区实践—社会服务”分层进行的实践模式。由学校少先队牵头，在活动前大力宣传号召，利用班会课，以听故事、学事迹等形式让学生对邮局职能、作用等有初步了解，并根据学生的能力发展水平提出适当的要求。设置“局长”“副局长”“邮递员”等职位，推选优秀少先队员担任少年邮局重要职位，颁发聘书。学生在学校能够亲自体验收发信件、快递等服务，体验邮局工作人员的角色。

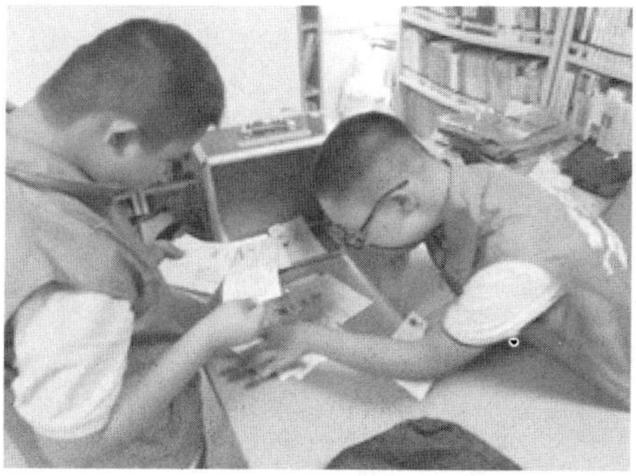

图 3－14　莫同学、杨同学在整理信件

学校少年邮局由在校的学生担任局长和工作人员，学生利用课余时间受理邮政业务。莫同学、杨同学 2019 年被推选为少年邮局局长和副局长，杨同学表示：“通过小小邮票、邮戳学会了很多知识，我会利用少年邮局的工作时间，进一步学习技能并为大家服务。”

图 3－15 杨同学受聘成为少年邮局局长

在校园迎六一、迎校庆、迎新年等活动中，学校以明信片为载体，让学生写上对未来的美好期望。从明信片祝福语盖戳，到投递明信片，再到整理寄出明信片，少年邮局的学生体现了文明礼貌、帮助他人、认真负责等良好品质，出色完成工作。通过少年邮局这个实践平台，学生了解并体验社会生活，培养了严谨认真、协作诚信的品格和为他人服务的思想意识。同时也促进了学生对邮政的认识，促进邮寄明信片、集邮等活动的开展，有利于学生全面发展。

图 3－16 莫同学、杨同学在迎新年活动中为同学盖邮戳、寄明信片

（三）少年邮局成效

少年邮局体现了中国邮政服务社会、回报社会的担当与责任，其中更有文化的传播，培育青少年集邮土壤，提高学生的综合素质。“增知、交友、怡情”，当集邮以明信片为载体与教育相遇，少年邮局的邮递员们承担起校园刊物的派发和快递的派送，服务意识和沟通交往能力逐步增强。七年级的曾同学的班级老师可以明显感觉到孩子的变化：“通过少年邮局的工作，胆子变大了，也更自信了。”在母亲节、父亲节，学生会把对父母的感恩与祝福写在卡片上，表达心意。

设立少年邮局不是为了邮递，而是为了提高孩子的素质，通过活动，腼腆的孩子变得开朗，不注意卫生的孩子变得爱干净。学生自发有了秩序意识，做事变得细致、规范、严谨，审美情趣也在不知不觉中提高了。小小的邮票，印着学生可爱笑脸的明信片，成了知识与实物沟通的桥梁，成为所有人爱的连接。通过系列活动，学生对邮局职能有了更加深刻的认识，在接受关爱的同时学会给予和奉献，懂得在今后的学习生活中，用实际行动践行奉献精神，助人为乐，爱岗敬业，有良好工作品格，做一名合格的少先队员。

在联合贵州省三都县特殊教育学校的共同教研活动上，少年邮局作为学校特色德育活动项目，由学校书记进行工作经验分享，富有成效的活动得到了同行的认可和好评。

第四章

悦美美育课程

理论部分：李婉宁

实践部分：李绮珊　刘晓彤　覃春娇

学科支持：黄欢红　陈　愉　方凯专　李绮珊　梁　苑　秦梓贤

王泓人　王　斐　吴天龙　肖晓怡　曾丽莎

第一节　悦美美育课程构建

国家和社会对人才培养提出了新的时代要求，将人的全面发展表征为德智体美劳全面发展，习近平总书记突出强调以美育人，要提升学生审美素养和人文素养，重视美育的作用。美育是通过培养特殊学生良好的审美素养，使其能够积极发现生活中的美，进而培养他们积极的生活态度与学习态度，让他们从中感知生活的美好，以此提升学生的综合素质和生活品质，促进学生生命自由，引领学生走向生命美好，为他们的美丽人生奠基。为此，启智学校挖掘地方资源，结合本校校情，开发了悦美美育课程。

一、课程理念

郭沫若曾经说过：在人类社会发展中，人的改造是最重要的事，其中对于人的基本改造，需要以儿童美德教育与感情教育作为切入点，这样才能够实现全方位的、彻底的改造。同样，在特殊教育教学中，要重视美育的渗透，让学生能够感知到美是无处不在的，感知生活中的美感，引导他们树立积极的审美理想与审美观点，培养崇高的审美情操与美好的道德品质。同时，在特殊教育活动中渗透美育，要对学生有全面了解，掌握学生的身心发展特征，针对学生提供有针对性的美育教育方案，以此来调整学生的价值观念与行为习惯，促进他们的身心健康成长。

在课程开发过程中，除了人的全面发展理论之外，学校还结合了以下相关理论作为理念依据。

（一）马斯洛需求层次理论

马斯洛需求层次理论表明人的需求是分层次的，人在基本需求满足后会进一步渴望丰富的社会文化，以满足精神需求和自我实现。为了满足人民过上美好生活的新期待，必须提供丰富的精神食粮，必须大力发展社会主义先进文化，满足人民日益增长的美好文化生活需求。全面提升人的素质，努力为每个成员提供同样的接受教育的机会，接受科技、文化、艺术熏陶的机会，接受全面提高自己道德、文化、艺术才能和素质的机会，促使人的潜能得到培育和开发。

（二）生命美育

生命美育是指以审美教育为手段，对生命的美进行感化、涵养和提升，促使受教育者关爱生命、珍惜生命、尊重生命、美化生命，最终达到与自身、自然以及社会的和谐发展。人自身的和谐发展是生命美育的基本价值追求。生命美育的有效实施有助于青少年在今后不管遇到怎样的人生挫折，都不轻易放弃生命；不管处于什么样的人生阶段，都能享受到属于自己生命的乐趣。在潜移默化中教会学生关爱生命、珍惜生命、尊重生命，是学校教育中不可或缺的重要内容，是一项非常迫切、现实性强的教育任务。

悦美理念以人的全面发展为核心，以马斯洛需求层次理论、马克思主义需求理论和生命美育为哲学基础，让学生在美育活动中享受快乐，丰富他们的精神生活，切合个别化发展需要，提高生活品质。

悦美美育课程的核心是，让学生在美育活动中享受快乐，提高生活品质，从而成为独立的人。其目标是以新课标中的唱游与律动、绘画与手工、艺术休闲的课程目标作为参考，体现学生个性化发展。

美育是实现德育的重要途径，悦美美育课程的特点是通过实践输入减轻抽象认知。审美提升是个人素质和潜力发展的主推机。以生为本，优势补劣势，在自我决定、自我决策、合作学习中进行多元化美育实践活动，让学生在美育中发现身体美、体会实践美、实现生态美。

（三）悦美美育中的“知能行”

悦美美育课程资源是在学生阶梯成长中呈现的，在学生培养中，遵循知行合一的教育规律。

“知”是指对于美的感知，是人通过本体觉对事物进行认知的基础。主要表现为通过人的精神世界演化为情感知识、艺术知识和审美知识，是指客观事物本质属性在人脑中的反映。从学生个体来说，即在美育课程中进行视觉输入、听觉输入，或动知觉输入。

“能”是指潜能的探索和开发。特殊学生参与美育课程，不断练习艺术基本技能，在熟练整合中不断发展，在评价中接纳自己，并发现与探索自身的潜能，形成内在动力，驱动艺术实践的螺旋式发展。

“行”是艺术实践，是以特殊学生内在动机即个体需要的多样性进行的外显效应，如艺术活动和社会活动融合。特殊学生在活动中进行艺术实践，是展现自我，获得快乐、自信与成就，有效进行社会宣导的重要途径。

二、实施策略

（一）依托本土传统文化资源，深化丰富的教学内容

在“悦文化”引领下，启智学校提出“悦美”理念，重视艺术课程对于学生美育的作用。通过学校现有的文化资源和教学资源，将非物质文化遗产的传承、发展和学校美育相结合，通过教学与活动践行“五育并举”的要求，抓住美育对特殊学生生命生活的重要性，结合本土化的艺术课程与艺术活动提高他们的生活品质；以民俗文化和非遗传承作为共鸣点，通过普特融合活动，把孩子融合在一起。

唱游与律动、绘画与手工课程是培智学校义务教育阶段的一般性课程。启智学校建校十年，结合本土文化与周边资源不断研发艺术校本课程，探讨艺术课程本土特色教学对培智学生的积极影响，现唱游与律动课程已有“非洲鼓校本课程”，正在进行“非遗民俗‘波罗诞’的课程实践”，预期做出悦美波罗校本课程、精品课例和艺术表演等。

艺术休闲课程是培智学校义务教育阶段的选择性课程。课程旨在通过文艺、体育、游戏、旅游等多种休闲方式，培养学生的休闲能力，陶冶学生的生活情趣和生活品位，提高学生的生活质量。学校结合该课程特点，通过艺术社团、美育比赛、社区融合三种途径进行艺术实践，尊重学生的个体差异，在综合性活动中发展学生的艺术能力。

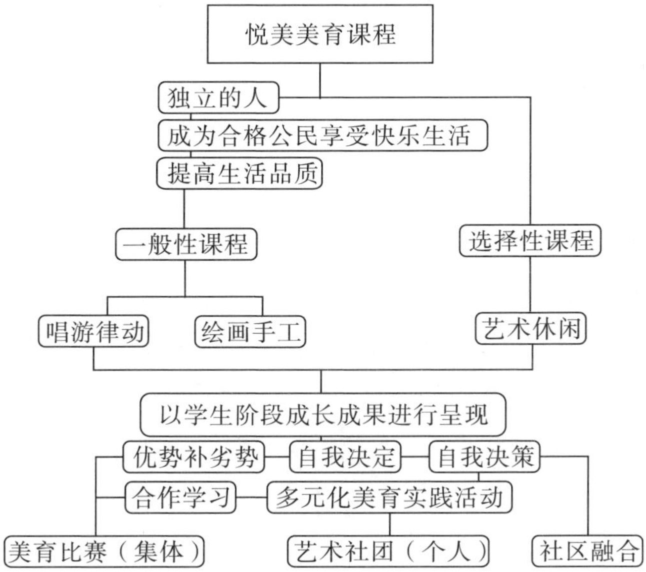

图 4-1　悦美美育课程体系

（二）构建多元化的美育实践活动，激发学生学习兴趣

在少先队大队部的指导下开设多个学生艺术社团，分为语言艺术类、音乐舞蹈类、绘画手工类。语言艺术类："悦声"红领巾广播电视台、诗歌朗诵社、绘本戏剧社；音乐舞蹈类：舞蹈队、合唱队、醒狮队、非洲鼓社；绘画手工类：绘画手工社团、乞巧手工社、创意线条。

每年 11 月为美育节活动月，学校坚持落实美育工作，积极开展艺术活动，让学生有展现平台，加强亲子合作和家校合作，其中有舞蹈比赛、歌唱比赛、绘画比赛和亲子手工比赛。通过美育节让家长参与到孩子们"悦休闲"的活动中，一起进步一起成长，共同促进特殊孩子健康快乐成长。

（三）多方合作实施美育渗透式教育，提升学生美育素养

美育不是培养音乐家的教育，而是培养人的教育。在疫情期间，学校美育组做了艺术系列微课，从特殊儿童辐射到普通儿童；非洲鼓社多次参与黄埔区的义演活动，并得到区级领导和社区居民的广泛认可与赞扬；在商场表演时，特殊儿童在艺术上的热情也深深感染了附近的居民和顾客，他们跟着快闪节目一同互动，使普通融合通过艺术的形式更加自然紧密；绘画手工社团受邀参加"书写与表现——2022 国际当代艺术邀请展"；绘本《小树的四季》向孩子们介绍了春夏

秋冬小树的不同形态，鼓励孩子进行艺术创造，表达自己心中的四季。

三、未来展望

（一）美育与生活

在一般性课程中渗透美育是我们的教学方向。未来，学校将继续深化波罗鸡校本特色课程的开发与创新。在学校“悦文化”引领下，提出“悦美”理念，重视艺术课程对于培智学生美育的作用，通过学校现有的文化资源和教学资源，将非物质文化遗产的传承、发展和美育相结合，通过教学与活动践行“五育并举”的要求，抓住美育对特殊学生生命生活的重要性，结合本土化的艺术课程与艺术活动提高他们的生活品质；以民俗文化和非遗传承作为共鸣点，通过普特融合活动，把孩子融合在一起。

（二）美育与德育

美育是实现德育的重要途径。其一，配合红领巾争章活动开展。本学年学校开展了少先队红领巾争章活动，在少先队大队部的建议下，采用了绘画手工社团成员与主题相关的作品作为特色章样。让学生参与到争章设计中，既能肯定学生的艺术实践能力，又能借此机会将美育与生活适应等学科进行融合，紧扣学生的个别化目标，同时起到融合宣导作用，在区里与其他学校交流经验与成果。

其二，完善班级文化建设与环境布置。班级文化与环境布置是班级管理的重要组成部分。以往班级文化建设都以教师为主导，现在学校每个班级都有自己的班名、班级公约和班级特色标志，并与唱游与律动、绘画与手工课程相结合，让学生设计班舞、班歌；在课室内特定区域展览学生作品，进一步完善环境布置。这有利于学生美感的形成，也给予了他们肯定和自信，尊重他们的个性特点。

（三）美育与健康

将美育与健康教育进行融合，可以促使学生以积极乐观的心态面对学习，享受积极健康的生活，体会生命的真正内涵。“体”是指体育教育，“美”是生命美育的代表，二者相辅相成，有着紧密的联系。在学校以知动为核心的大课间活动中，可以通过结合达尔克罗兹体态律动教学与康复，使学生在音乐中能够通过肢体动作促进康复，同时表现节奏和表达自我情感；学校特色体育项目融合足球、冰壶等，充分体现出生命的独特美；健康心理课程提高了学生的自我认识，体现了人文美。

第二节 悦美美育课程实践

为丰富学生的精神生活，助力学生的个性化发展，提升学生审美素养，学校在“悦生课程”体系结构下，不断创新实践，开展悦美美育课程活动。下文以抗疫月主题“白衣超人”活动和“悦韵·动感而来”艺术节活动为例进行展示。

一、抗疫月主题“白衣超人”活动

表 4－1 中年部某班抗疫月主题“白衣超人”活动设计方案

主题名称	白衣超人	教学时间	10.1—10.31
单元目标	1. 认识防疫措施（戴口罩、打疫苗等）； 2. 学习防疫宣传儿歌； 3. 能跟随教师做安全操； 4. 增强锻炼身体的意识； 5. 了解防疫英雄精神（勇敢、不怕困难）； 6. 阅读《白衣超人》绘本，了解绘本大意，并简单分享； 7. 学习使用手机、平板电脑拍摄视频； 8. 能够制作明信片，如装饰； 9. 能在明信片上填写或粘贴自己的信息，如名字、地址； 10. 仿写一段话；	IEP 目标	【运动与保健】 1. 增强体育游戏的能力，能掌握常见的趣味游戏（姜、飞、钟、燊、瀚、悦、哲、紫、琳）； 2. 提高下肢动作的能力，能掌握常见的趣味游戏（谦）； 3. 提高动作控制能力，能掌握特定的趣味游戏（方）； 4. 提高参与课堂常规活动的能力（燕）。 【绘画与手工】 1. 提高模仿绘画的能力，能找到与模板一样的颜色并涂色（钟、飞、瀚、方、紫、姜）； 2. 提高综合创作的能力，能依据模板进行有主题的美术创作活动（悦、琳、燊、谦）； 3. 提高动作控制的能力，能使用美术工具完成涂鸦作品（燕、哲）。

（续上表）

主题名称	白衣超人	教学时间	10.1—10.31
单元目标	11. 学习《白衣超人》绘本，对防疫英雄说一句话； 12. 明白《白衣超人》绘本故事大意，并向他人分享； 13. 能跟随音乐节奏跳怪兽舞蹈。	IEP目标	【生活适应】 1. 提高自我认识的能力，能完成自我介绍，包括籍贯、兴趣爱好等（钟、琳、哲、瀚、紫）； 2. 增强自我保护意识，能说出或填写跟自己相关的信息，如所在省市、行政区、民族（悦、燊、谦）； 3. 提高校园安全意识，能遵守安全规则，如注意乘车安全或遇到危险会求救（燕、琳、钟、哲、飞、姜、紫）； 4. 提高情绪表达能力，能学习表达自己的情绪，如开心、生气（姜、飞、煜）； 5. 增强自我学习的能力，了解榜样人物事迹并建立自我评价标准（悦、谦）； 6. 提高物品保管意识，能保管 1 ~ 2 种学习用品（燕）。 【生活数学】 1. 提升数的认识，能手口一致地点数 10 以内的物品（钟、方）； 2. 提升分类统计的能力，简单收集和整理数据，会用表格的方式填写统计表（琳、悦、燊、谦、姜、瀚）； 3. 提升数的认识，能借助辅具数出 5 个物品（燕、哲）； 4. 提升分类统计的能力，能根据特定标准分类物品，完成记录表格（飞）； 5. 提升金钱的概念，能根据商品价格进行 10 元内的付款和找零（紫）。 【生活语文】 1. 增进名词表达的能力，能说出物品名称（钟、哲）； 2. 提高认读汉字的能力，能认读并记忆常用汉字（谦、姜、瀚、悦、紫、琳、飞）；

（续上表）

主题名称	白衣超人	教学时间	10.1—10.31
单元目标		IEP 目标	3. 提高简单句表达的能力，根据生活主题的图画说一两句话，至少说2幅（姜、瀚、紫）； 4. 提高阅读能力，能阅读图文结合的短文，了解大意（悦、谦）； 5. 提高表达能力，能用特定图文卡组成一句话（方）； 6. 增进物品配对的能力，能在两种物品中找出与目标一样的物品（燕）； 7. 提高表达需求能力，能用手指认一样的图片（燕）。 【唱游与律动】 1. 能感受和听辨声音的高低（钟、燕、飞、哲）； 2. 能听辨声音的强弱、快慢（悦、姜、燊、谦、紫、瀚）。 【健康校本】 1. 增进对情绪的理解力，能理解四个情境以上的情绪（悦、飞、琳、紫、谦、姜、飞）； 2. 理解两个情境以上情绪的简单变化（悦、琳、燊、瀚、飞、谦）； 3. 增进对情绪的辨识能力，能理解两种以上的单一情绪（方、哲、燕）。 【劳动技能】 1. 增强校内劳动技能，能独立进行教室指定位置的清理（钟、燕、哲）； 2. 增强洗涤物品技能（悦）； 3. 能使用工具清扫教室，如扫地、拖地（瀚、飞、谦、姜、燊、琳、方）。

（续上表）

主题网分析

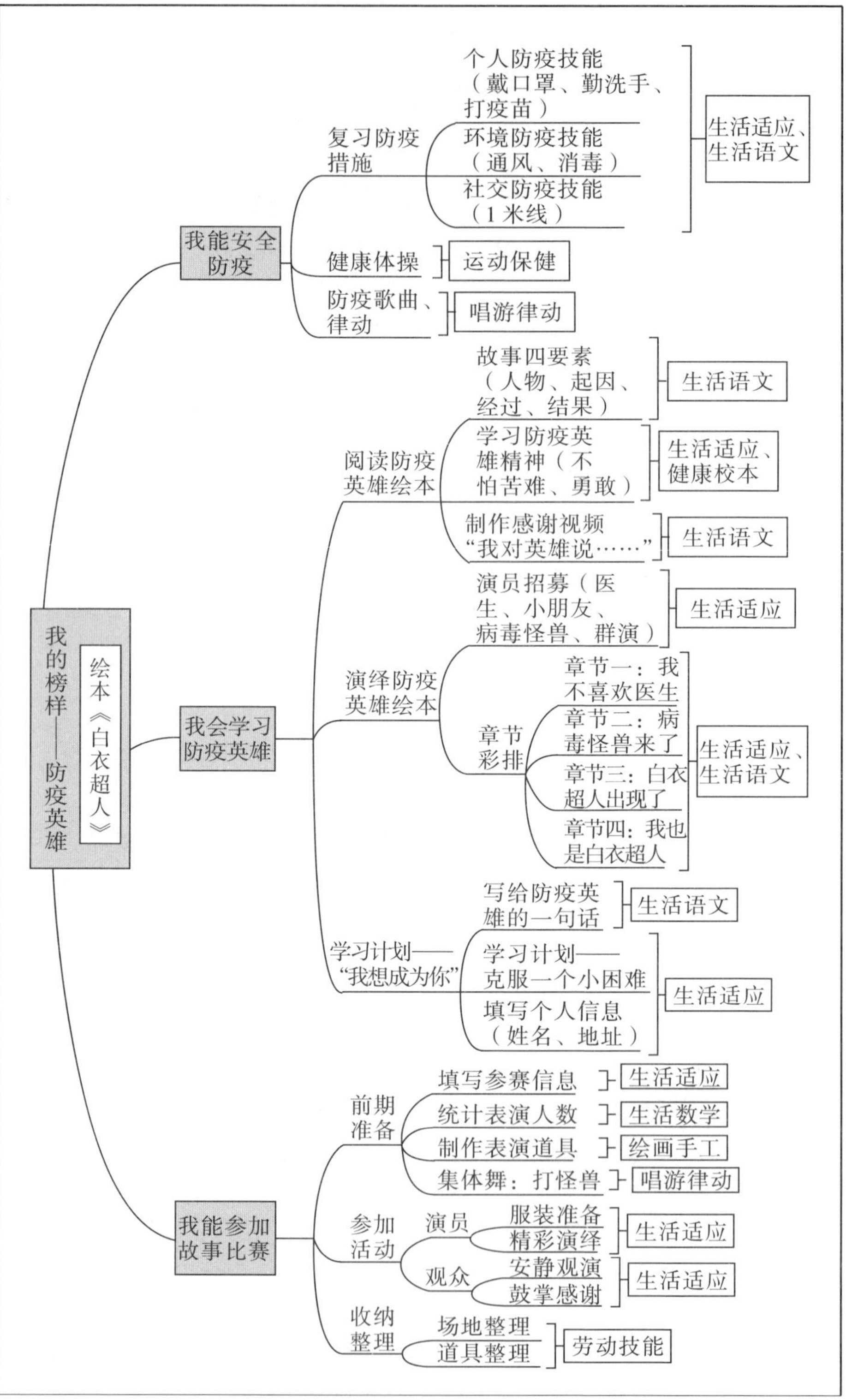
我的榜样——防疫英雄
绘本《白衣超人》
我能安全防疫
复习防疫措施
个人防疫技能（戴口罩、勤洗手、打疫苗）
环境防疫技能（通风、消毒）
社交防疫技能（1米线）
生活适应、生活语文
健康体操
运动保健
防疫歌曲、律动
唱游律动
我会学习防疫英雄
阅读防疫英雄绘本
故事四要素（人物、起因、经过、结果）
生活语文
学习防疫英雄精神（不怕苦难、勇敢）
生活适应、健康校本
制作感谢视频“我对英雄说……”
生活语文
演绎防疫英雄绘本
演员招募（医生、小朋友、病毒怪兽、群演）
生活适应
章节彩排
章节一：我不喜欢医生
章节二：病毒怪兽来了
章节三：白衣超人出现了
章节四：我也是白衣超人
生活适应、生活语文
学习计划——“我想成为你”
写给防疫英雄的一句话
生活语文
学习计划——克服一个小困难
填写个人信息（姓名、地址）
生活适应
我能参加故事比赛
前期准备
填写参赛信息
生活适应
统计表演人数
生活数学
制作表演道具
绘画手工
集体舞：打怪兽
唱游律动
参加活动
演员
服装准备
精彩演绎
生活适应
观众
安静观演
鼓掌感谢
生活适应
收纳整理
场地整理
道具整理
劳动技能

（续上表）

<table>
<tr><td>例行活动目标</td><td colspan="7">【一日例行活动】
点名课：
1. 配合完成防疫检查：量体温、消毒。
2. 点名统计准时到校人数和迟到人数。
3. 提高对日期的认识，表达句式“今天是 2021 年__月__日星期__，天气__。”
4. 表达今天的心情：开心/难过。
午餐时间：
1. 餐前准备：洗手、排队兑换午餐。
2. 用餐整洁。
3. 餐后收拾：回收饭盒、擦桌子、洗脸。
午间活动：
1. 配合完成防疫检查：量体温、消毒。
2. 主动与他人间隔 1 米。
3. 统计午饭光盘人数。
【一周例行活动】
1. 升国旗：增进遵守升旗规则及礼仪的能力。
2. 大课间活动：增进遵守体育活动或游戏规则的能力。
【一月例行活动】
主题统整活动：主题所涉及的 IEP 目标。
【学年例行活动】
略。</td></tr>
<tr><td rowspan="2">学科活动构想</td><td>活动概况</td><td>时间</td><td>IEP 匹配</td><td>整体活动</td><td>分化活动</td><td>统整活动</td><td>所属板块</td></tr>
<tr><td>生活语文</td><td>12.1—12.31</td><td>1. 提高认读汉字的能力，能认读并记忆常用汉字；
2. 提高简单句表达的能力；
3. 提高阅读能力，能阅读图文结合的短文，了解大意。</td><td>阅读《白衣超人》绘本。</td><td>1. 复习防疫标志标语；
2. 阅读《白衣超人》绘本；
3. 向防疫英雄表达感谢。</td><td>《白衣超人》绘本阅读分享会。</td><td>悦学习；悦休闲</td></tr>
</table>

（续上表）

	活动概况	时间	IEP 匹配	整体活动	分化活动	统整活动	所属板块
学科活动构想	生活数学	12.1—12.31	1. 认识防疫物品的价格； 2. 防疫物品分类统计。	购买防疫物品，统计购买的数量。	1. 认识价格，给出相应钱数； 2. 防疫物品分类，统计数量。	防疫知识竞赛。	悦学习；悦生活
	生活适应	12.1—12.31	1. 提高自我认识能力； 2. 提高安全意识； 3. 建立榜样学习。	阅读绘本故事。	1. 填写参赛信息； 2. 榜样人物学习计划； 3. 文明参与表演活动。	故事表演分享会。	悦生活
	劳动技能	12.1—12.31	整理学习用品，清洁课室。	会用订书机、会清洁课室。	1. 知道用订书机的步骤； 2. 会清洁课室。	小组比赛。	悦生活
	唱游与律动	12.1—12.31	能用肢体动作表现红色歌曲。	观看与红色故事有关的音乐视频。	1. 学习红色经典童谣； 2. 学习红色经典童谣及歌曲。	为红色童谣创编动作。	悦休闲
	运动与保健	12.1—12.31	提高下肢动作的能力。	足球故事。	足球游戏。	足球展示。	悦休闲；悦生活
	绘画与手工	12.1—12.31	提高综合创作的能力，能依据模板进行有主题的美术创作活动。	阅读绘本故事。	1. 制作表演道具； 2. 加工表演服装； 3. 完成表演背景板。	故事表演分享会。	悦休闲

（续上表）

<table>
<tr><td rowspan="2">学科活动构想</td><td>活动概况</td><td>时间</td><td>IEP 匹配</td><td>整体活动</td><td>分化活动</td><td>统整活动</td><td>所属板块</td></tr>
<tr><td>健康校本</td><td>12.1
—
12.31</td><td>增进对情绪的理解能力。</td><td>通过对绘本的理解，理解主人公从对“病毒”的害怕，到理解医生的“勇敢”。</td><td>1. 阅读绘本内容；
2. 理解主人公小男孩的“害怕”；
3. 理解医生的“勇敢”。</td><td>在观演中理解故事。</td><td>悦生活</td></tr>
<tr><td>注意事项</td><td colspan="7">1. 学生家庭及线上学习常规的培养和巩固；
2. 合理运用学生家庭已有学习用品；
3. 注意学生的情绪问题；
4. 学生常规的建立；
5. 提前准备教具和学具。</td></tr>
<tr><td>空间设置</td><td colspan="7">1. 班级微信群宣导；
2. 学习视频展示。</td></tr>
<tr><td>统整活动设计</td><td colspan="7">《白衣超人》故事表演
1. 前期准备：
统计参演人数：谦、燊、悦。
道具保管：瀚、斌。
病毒服装：全体学生。
医生服装：全体学生。
其他道具：谦、紫、琳、燊、悦、瀚。
2. 角色分配：
病毒：瀚（其他备选人员：燊、斌、紫）。
医生：谦、琳。
3. 故事表演：
《白衣超人》故事表演：教师＋学生。
打怪兽舞蹈：瀚、谦、燊、悦、琳、紫。
道具整理：燕、方、姜。
服装清洁：燕、方。</td></tr>
</table>

表 4－2 高年级某班绘画与手工课“白衣超人”教学活动设计表

<table>
<tr><td colspan="5">教学基本信息</td></tr>
<tr><td>课题名称</td><td colspan="4">白衣超人</td></tr>
<tr><td>学科/领域</td><td>绘画与手工</td><td>年级</td><td colspan="2">5 年级</td></tr>
<tr><td>主题名称</td><td>经典悦生活</td><td>单元名称</td><td colspan="2">故事背景板</td></tr>
<tr><td>设计者</td><td>李绮珊</td><td>执教人员</td><td colspan="2">主教：李绮珊　助教：黄勇强</td></tr>
<tr><td>教学形态</td><td colspan="4">个别（√）　小组（√）　团体（√）　协同（√）</td></tr>
<tr><td>国标</td><td colspan="4">关注学校、社区环境，感受绘画手工在生活中的应用。
结合各学科内容、校内外活动，尝试进行绘画表现或制作手工艺品、装饰物等。</td></tr>
<tr><td colspan="5">教学背景分析</td></tr>
<tr><td>学情分析（含学生分层设计）</td><td colspan="4">大部分学生能较好地认识常见美术素材，并对绘本故事有较大的兴趣。A 组学生（谦、悦、瀚、梁）有一定的绘画点、线、形状的造型能力，可以独立绘画简单图形；B 组学生（琳、姜、紫、焦）有拼贴造型能力，可以依据提示创作简单图形；C 组学生（哲、钟、燕、诚）认识部分颜色，有涂色能力，可以参与涂色活动。</td></tr>
<tr><td>教学内容分析</td><td colspan="4">本课属于《培智学校义务教育课程标准（2016 年版）》绘画与手工中“综合・探索”学习领域。在日常教学中，学生会在绘本故事上了解不同的图画。本课通过“故事背景板”的整体展现，加以医院和家里不同场景的个别表现，把“综合运用素材”的知识和方法融合其中，让学生发展创造能力，有目的地制作个人作品。</td></tr>
<tr><td colspan="5">教学三维目标及教学重点、难点</td></tr>
<tr><td>教学三维目标</td><td colspan="4">【认知目标】
了解绘本故事《白衣超人》内容。
【能力目标】
通过绘画、拼贴、涂色等方式，合作完成绘画手工作品：故事背景板。
【情感与态度目标】
可以欣赏、赞扬自己及他人的作品。</td></tr>
<tr><td>教学重点</td><td colspan="4">结合学科内容，制作故事比赛装饰物。</td></tr>
</table>

（续上表）

<table>
<tr><td colspan="2">教学难点</td><td colspan="12">创造性表现故事内容。</td></tr>
<tr><td colspan="2">个别化
目标</td><td colspan="12">教学目标来源与 IEP 位置的关系
（国家课程标准与对应学科目标）</td></tr>
<tr><td colspan="2">与 IEP 相关的个体目标</td><td>姜</td><td>梁</td><td>瀚</td><td>琳</td><td>钟</td><td>燕</td><td>紫</td><td>哲</td><td>诚</td><td>悦</td><td>焦</td><td>谦</td></tr>
<tr><td>能模仿制作 2 个步骤的简单图形或半成品材料。</td><td>能模仿 2 个步骤完成故事背景板。</td><td>√</td><td></td><td></td><td></td><td></td><td></td><td>√</td><td></td><td></td><td></td><td></td><td></td></tr>
<tr><td>能依据模板进行有主题的美术创作活动。</td><td>能完成故事背景板创作活动。</td><td></td><td>√</td><td>√</td><td>√</td><td></td><td></td><td></td><td></td><td></td><td>√</td><td></td><td>√</td></tr>
<tr><td>能找到与模板一样的颜色并涂色。</td><td>能找到与故事模板一样的颜色并涂色。</td><td></td><td></td><td></td><td></td><td>√</td><td></td><td></td><td></td><td></td><td></td><td>√</td><td></td></tr>
<tr><td>能使用美术工具完成涂鸦作品。</td><td>能使用蜡笔完成背景板涂鸦作品。</td><td></td><td></td><td></td><td></td><td></td><td>√</td><td></td><td>√</td><td>√</td><td></td><td></td><td></td></tr>
<tr><td colspan="14">教学设计理念</td></tr>
<tr><td colspan="14">1. 面向全体，关注差异：本课坚持育人为本的教育理念，致力于学生审美情趣的培养和审美能力的提高，坚信每个学生都具有学习的潜能，通过实施差异化教学和个别化教育，帮助他们在原有基础上获得最大限度的发展，为终身学习奠定基础。
2. 激发兴趣，重在参与：本课强调创设适宜的条件，运用灵活多样的教学方法和趣味化的教学手段，激发学生的学习兴趣，引导学生参与活动，在体验、操作过程中获得美的直接经验，感受学习的愉悦与满足。</td></tr>
<tr><td colspan="14">相关资源及备注事项</td></tr>
<tr><td colspan="2">相关资源</td><td colspan="12">环境支持、教学材料准备等。
简笔画教学视频、卡纸、蜡笔、A4 纸等。</td></tr>
<tr><td colspan="2">备注事项
（含预案）</td><td colspan="12">个别学生情绪处理、助教协助处理等注意事项。
姜哭闹——播放音乐安抚。</td></tr>
</table>

（续上表）

教学设计过程					
教学环节	教师活动	学生活动	设计意图	个别需求及特殊应对策略	时间安排
导入	【情境导入】 1. 统整活动表演展示：绘本故事《白衣超人》。 2. 邀请学生参加绘画制作。 【奖励规则】 小红花。	1. 了解课堂活动。 2. 了解绘本故事内容；明确课程任务。 3. 了解奖励规则。	（了解美） 创设情景吸引学生注意，提高学习动机。		5分钟
新授	【感受欣赏】 分析教师手工作品：故事背景板。 【启发探究】 1. 问题：如何制作背景板？ 2. 展示绘本故事的插图，了解背景故事。	欣赏绘本故事插图： 1. 复习：故事内容； 2. 尝试操作组合； 3. 了解不同插图内容。	（发现美） 帮助学生提高完形思维能力。 启发式教学：拓宽学生思路，引导学生发现不同造型和美感。	提问姜，维持其注意力与学习兴趣。	5分钟
练习	【个人创作】 1. 故事比赛创作坊：发大KT板和卡纸，粘贴完成背景板； 2. 背景板创作坊：合作完成故事背景板创作。	A组：绘制客厅和医院细节（步骤：模仿绘画→涂色）； B组：拼贴背景板(步骤:涂白乳胶→粘贴)； C组：涂色背景板（按要求使用水粉笔涂色）。	（创造美） 用工作分析法使学生自主完成任务，独自享受创作时间。	需提醒学生按步骤完成。	20分钟

（续上表）

教学设计过程					
教学环节	教师活动	学生活动	设计意图	个别需求及特殊应对策略	时间安排
分享	【评价反馈】 1. 展示； 2. 自评。 【奖励红花】	分享作品； 评价作品。	（评价美） 抒发感受。		5 分钟

学习效果评价设计													
与 IEP 相关的个体目标		姜	梁	瀚	琳	钟	燕	紫	哲	诚	悦	焦	谦
能模仿制作 2 个步骤的简单图形或半成品材料。	能模仿 2 个步骤完成故事背景板。	2						2					
能依据模板进行有主题的美术创作活动。	能完成故事背景板创作活动。		2	3	2						3		3
能找到与模板一样的颜色并进行涂色。	能找到与故事模板一样的颜色并进行涂色。					2						2	
能使用美术工具完成涂鸦作品。	能使用蜡笔完成背景板涂鸦作品。						2		2	3			
评分标准：0 分：一点都不会；1 分：肢体协助下完成；2 分：口头提示下完成；3 分：独立完成。													

（续上表）

教学设计的特点
1. 教学内容与生活紧密联系，结合家里、社区、医院等生活场景的记忆，启发学生把现实情景迁移到故事情境中，提高学生设计兴趣，通过想象与创作表达各场景中代表性素材。 2. 借鉴认知发展理论，按照了解美—发现美—创造美—欣赏美的步骤组织教学，综合各种知觉帮助学生学习教学重点，练习图形造型技能。依据学生的不同能力安排不同的教学内容，使学生有能力独立完成创作，提高自信心。 3. 提供丰富、贴合实际的教材，围绕主题多次反复练习，使学生有充分的练习机会。 4. 注重引发和维持学生学习动机，在丰富的教学内容设置中，学生能够一直维持学习状态，依据可视化的个人作品检查学生学习效果。
教学反思
需要积极探索和研究适合学生身心特征与学科特点的学习方法，采用多种组织形式，如个别教学、小组教学、集体教学等，让学生充分发挥个人长处，共同完成班级作品。

附录4－1：个别训练计划

精细动作	提高综合创作的能力	能依据模板进行有主题的美术创作活动	能够依据《白衣超人》图画背景涂鸦背景板	 能独立完成	连续10次有8次成功，达成率80%	绘画手工学科老师	1	梁同学
精细动作	提高综合创作的能力	能依据模板进行有主题的美术创作活动	能够依据《白衣超人》图画背景涂鸦背景板	 能独立完成	连续10次有8次成功，达成率80%	绘画手工学科老师	2	何同学
精细动作	提高模仿制作的能力	能模仿制作两个步骤的简单图形或半成品材料	能够使用橡皮泥制作相框	 在制作时仍需教师给予肢体协助，以及形状方面的指导	连续10次有8次成功，达成率80%	绘画手工学科老师	1	李同学

附录4－2：唱游与律动课课文《核酸检测歌》

一、看一看，说一说

二、读一读

核酸检测歌

扫一扫

小朋友们　来啦来啦

核酸检测　不要怕

张开嘴巴　啊啊啊

戴好口罩　勤洗手

打败病毒　哈哈哈

三、动一动

节奏型：

♩

四分音符

道具：

曲谱：

核酸检测歌

四、唱一唱

防疫律动儿歌

核酸检测歌

1=Ab 4/4 ♩=120

作曲：曾丽莎　秦梓贤

作词：李婉宁

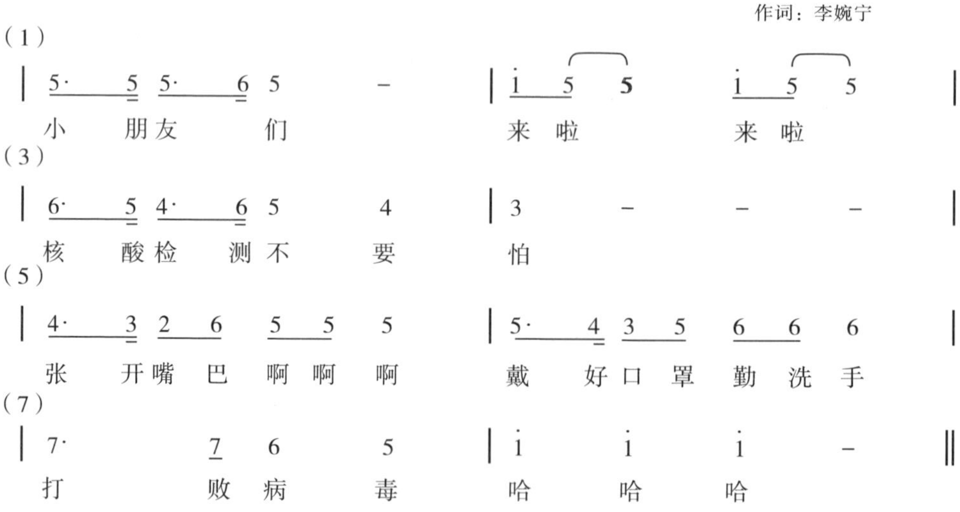

五、跳一跳

六、练一练，评一评

班级：　　姓名：　　日期：

今天复习了哪些内容呢？请打钩（√）。

1. 读一读（　　　　）

2. 动一动（　　　　）

3. 唱一唱（　　　　）

4. 跳一跳（　　　　）

二、“悦韵·动感而来”艺术节活动

（一）活动主题

唱响启智，精彩有你。

（二）活动目的

（1）让学生和家长能够有表现自我、展示自我的机会。

（2）以歌唱大赛为平台，让学生感受歌唱带来的愉悦情绪，提高认识自己、热爱生活、热爱音乐的能力。

（3）从歌唱比赛活动中发现自我潜能，了解自我、展示自我、超越自我。

（三）匹配 IEP 目标

（1）低年部（1～3 年级）能聆听范唱、用自然的声音模仿歌唱；

（2）中年部（4～6 年级）能参与齐唱；

（3）高年部（7～9 年级）能有表情地独唱或齐唱。

（四）上交视频截止时间

11 月 19 日（先由班主任收集视频，然后打包发到音乐组秦老师邮箱）。

（五）上交视频内容与格式

（1）视频格式为 MP4 格式，横屏拍摄，人物居中全身拍摄。

（2）视频时长 5 分钟以内，最长不能超过 5 分钟。

（3）文件命名格式为“班级＋学生名字＋亲子合唱或学生个人演唱＋歌曲名字”（如 8 班＋××＋学生个人演唱＋《抓泥鳅》）。

（4）必须是健康的积极向上的童谣或者流行歌曲。

（5）视频背景是白墙壁，尽量不要拍到家里的物品。

（6）视频内容只能是学生或者学生＋学生家长的演唱。

（六）参加人员

全体学生、家长。

（七）比赛形式

（1）学生个人演唱。

（2）亲子合唱。

（八）组委会

略。

（九）奖项设置

学生演唱奖（最后按照节目量再确定）：

（1）学生个人演唱：金奖 3 名、银奖 6 名、铜奖 9 名。

（2）亲子合唱：金奖 3 名、银奖 6 名、铜奖 9 名。

积极参与奖若干名。

（十）费用预算

略。

表 4－3　《达拉崩吧》音乐游戏教学活动设计表

扫一扫

<table>
<tr><td colspan="4">教学基本信息</td></tr>
<tr><td>姓名</td><td>李婉宁</td><td>班级</td><td>启智 6、7 班</td></tr>
<tr><td>助教人员</td><td>黄欢红</td><td>学科/领域</td><td>唱游与律动</td></tr>
<tr><td>地点</td><td>足球场</td><td>教学模式</td><td>团体/小组/个人</td></tr>
<tr><td>主题名称</td><td>动感悦生活</td><td>课题名称</td><td>《达拉崩吧》音乐游戏</td></tr>
<tr><td colspan="4">指导思想与理论依据</td></tr>
<tr><td colspan="4">根据《培智学校义务教育课程标准（2016 年版）》要求，唱游与律动课通过音乐实践活动，在感受、体验音乐美感过程中，重视音乐实践，帮助学生感受、发现、领略音乐艺术的魅力，学习基本的音乐知识，获得基础的音乐能力，提高学生听觉、认知、语言、动作、沟通交往的能力，帮助学生了解音乐与生活的密切关系，培养对音乐的兴趣和对生活的热爱。本节课为结合黄埔区启智学校十一月主题“动感悦生活”以及该班主题树设计的音乐游戏新授课，属于学校“悦生课程”中的“悦学习”与“悦休闲”板块内容。
旨在通过音乐《达拉崩吧》和音乐剧的方式，提高学生对节奏快慢的认知能力，提高学生对音乐游戏的兴趣，让学生感受与欣赏音乐的魅力。</td></tr>
<tr><td colspan="4">教学背景分析</td></tr>
<tr><td colspan="4">【教学背景】
结合近期本班家长回访可知，学生居家时期对“悦休闲”板块活动更有兴趣，且家长表示期待能有游戏类相关的居家指导视频让学生在家也能参与活动。为突出实践性和参与性，本次活动以主题音乐《达拉崩吧》为主要元素，通过生动活泼的情景教学形式，根据学生所在学段和本学期的 IEP 目标进行设计。在音乐游戏中学生跟随音乐、语言、指令、规则等进行游戏，调动学生学习兴趣，提升学生的听觉、节奏感、创造感等各方面音乐能力。
【教学内容】
以歌曲《达拉崩吧》为主题音乐，教师借助角色小仙女、骑士的切换推动故事发展。以达拉崩吧王国公主被巨龙劫走，勇士要去森林击败巨龙营救公主为任务。音乐《达拉崩吧》A 段设计为勇士冲关前的剧情配乐，B 段切割节奏设计为勇士完成任务的任务要素。利用音乐剧化的结构，让学生沉浸在剧情中，以及掌握音乐节奏变化，作出反应。本课思维导图：
点名问好 → 情景导入（看一看） → 律动暖身（听一听） → 游戏体验（做一做） → 总结放松</td></tr>
</table>

（续上表）

【学生情况及分组】 根据本班学生的能力情况分成三组： 进攻组：曾、卢、朱、杨、张、魏； 配合组：郑、童、何、陈； 防守组：刘、邢。 【教学方式和手段】 1. 教学方式：结构化教学、集体教学、个别指导、任务驱动教学相结合； 2. 教学手段：情境教学法、体验教学法、示范演绎法。 【相关资源】 电子钢琴、扩音麦克风、可移动显示屏、音响、巨龙背景板、红色颜料、开口塑料袋、荧光棒若干。
教学目标及教学重点、难点
【教学目标】 进攻组：能够准确判断音乐节奏变化； 配合组：能够感知音乐节奏变化； 防守组：能在辅助下聆听音乐节奏变化。 【过程与方法目标】 进攻组：1. 能够学会在音乐节奏变化中准确协调配合动作的反应； 2. 能够完成音乐游戏的全部任务。 配合组：1. 能够学会在音乐节奏变化中协调配合部分动作的反应； 2. 能够完成音乐游戏中的一部分任务。 防守组：能在辅助下对音乐节奏变化作出动作反应。 【情感与态度目标】 进攻组：能主动完整参与到音乐游戏中，主动与同学合作； 配合组：能持续一段时间参与到音乐游戏中，愿意与同学合作； 防守组：能接受在辅助下持续参与到音乐游戏中。 【教学重点】 能够区别音乐节奏速度的变化。 【教学难点】 1. 预设故事情景的转换； 2. 理解音乐游戏的规则。 【教学设计来源与 IEP 位置的关系】

（续上表）

与 IEP 相关的个体目标	配备目标	曾	朱	卢	杨	魏	郑	张	何	陈	童	刘	邢
能进行合作游戏。	能够持续一段时间参与到本次《达拉崩吧》音乐活动合作冒险中。	√	√	√	√	√	√	√	√	√	√	√	√
能进行完整的音乐游戏活动，表现出对音乐结构、节奏、情绪等的理解。	能跟随音乐节奏速度的变化，并根据游戏进度作出基本准确的反应。	√	√	√	√	√		√					
能伴随音乐演奏打击乐器。	能听辨主题音乐节奏的快慢，伴随音乐敲击荧光棒和戳巨龙背景板。						√		√	√	√		

教学设计过程					
教学环节	教师活动	学生活动	设计意图	个别化指导建议	时间
点名问好	一、上课歌 1. 主教用电子琴弹琶音音阶提醒学生做好上课准备； 2. 主教弹奏《上课歌》。 二、角色扮演 主教戴上皇冠，背上翅膀，手拿仙女棒化身小仙女，直接用小仙女的身份邀请大家开始游戏。	完成《上课歌》，并向教师问好；理解教师的角色转变和情景变化。	用结构化的音乐段落代替语言描述提醒学生进入上课状态；使用道具进行角色转变，让学生更快进入剧情。	1. 安置好防守组的两位同学，他们在空旷的地方容易往外跑； 2. 可以利用陈同学喜欢音响震动的特点让他坐在靠近音响的位置。	1 分钟

（续上表）

教学环节	教师活动	学生活动	设计意图	个别化指导建议	时间
情景导入	一、情景切换 小仙女介绍达拉崩吧王国。 二、看一看——进入达拉崩吧王国 1. 小仙女发布任务，念咒语进入达拉崩吧王国； 2. 助教推出可移动显示屏，播放《欢迎来到达拉崩吧王国》的剧情视频； 3. 助教撤走可移动显示屏。	认识小仙女，感受剧情导入；看视频了解剧情；知道国王、公主、巨龙这三个角色；接受剧情任务。	小仙女的出现提示主教从教师到任务发起者的角色转变；结合视频，以第一视角带着学生，了解故事背景。	助教对配合组的同学进行一定的口头解释。	1 分钟
律动暖身	完成听一听——成为骑士 1. 认识骑士：请助教戴上帽子，披上斗篷扮演骑士； 2. 骑士带领小勇士们准备“武器”，发放“武器”荧光棒，听《咒语之歌》（奥尔夫音乐《鞋匠之歌》）。	知道骑士这一角色；听《咒语之歌》，拿起手上的荧光棒，根据音乐节奏敲击地面完成拍打的动作，直到荧光棒发光。	通过“武器”这一道具引导学生成为勇士；通过奥尔夫音乐《鞋匠之歌》（后期改编了节奏），在情景中增加游戏任务——根据音乐节奏完成动作反应。	1. 注意防守组的两位小勇士会把荧光棒塞进嘴巴或者丢出去； 2. 可以多给他们几支荧光棒让他们多尝试。	2 分钟

（续上表）

教学环节	教师活动	学生活动	设计意图	个别化指导建议	时间
游戏体验	做一做——消灭巨龙 在游戏中能配合音乐作出对的节奏和速度： 1. 小仙女让小勇士们观看骑士的分段示范； 2. 指引小勇士们进行练习，小仙女进行辅助； 3. 骑士进行教学的时候，小仙女把巨龙背景板拿出来，小仙女和骑士带着小勇士们一起完成消灭巨龙的音乐游戏任务：需要把巨龙打倒。	跟着骑士辨别音乐节奏段落；跟着视频与音乐节奏变化一起完成音乐游戏任务；手持荧光棒，击中巨龙身体，使它受伤，直至倒下。	通过主题音乐《达拉崩吧》B段中反复性的旋律，改变音乐节奏形成音乐游戏的要素。设计剧情任务，要求根据音乐节奏变化准确进行动作反应，从而推动剧情任务。	1. 助教提前准备好“血袋”和巨龙背景板； 2. 主教准备好在音乐末尾拉动巨龙倒下； 3. 游戏体验中以小仙女为主导推动进程，骑士带领进攻组和配合组进攻，小仙女负责辅助防守组。	3 分钟
总结放松	1. 小仙女宣布任务完成。 2. 让小勇士们躺在草地上闭上眼睛听音乐放松，念咒语并弹奏《念念》纯音乐。 3. 小仙女和骑士都摘掉道具，回到现实，《下课歌》提示本次音乐游戏活动结束。	跟着指令与音乐闭上眼睛放松；跟唱《下课歌》。	用结构化的音乐段落代替语言描述提醒活动状态。		1 分钟

（续上表）

环境与道具设计

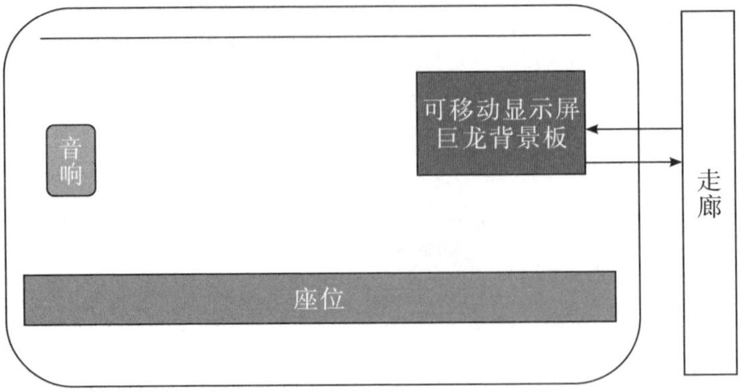

学习效果评价设计

课中完成情况与教师对配备目标的评定，将照片和课堂实录编码后作为过程性材料。

1. 学生：

进攻组学生是否能够准确判断出音乐节奏变化，能否学会在音乐节奏变化中准确协调配合动作的反应，能否全部完成音乐游戏的任务，能否主动完整参与到音乐游戏中，并主动进行合作。

配合组学生是否能够感知音乐节奏变化，能否学会在音乐节奏变化中协调配合部分动作的反应，能否完成音乐游戏中的一部分任务，能否持续一段时间参与到音乐游戏中，并配合游戏中的合作。

防守组学生是否能接受在辅助下聆听音乐节奏变化，能否在辅助下根据音乐节奏的变化作出动作反应，能否接受在辅助下持续参与到音乐游戏中。

2. 教师：教学内容是否符合本班学生的实际接受能力；教学结构是否合理；课堂教学中，是否面向全体学生，进行分层教学，并对个别需要的学生进行特殊应对。

配备目标	曾	朱	卢	杨	魏	郑	张	何	陈	童	刘	邢
能够持续一段时间参与到本次《达拉崩吧》音乐活动合作冒险中。												
能跟随音乐节奏速度的变化，并根据游戏进度作出基本准确的反应。												
能听辨主题音乐节奏的快慢，伴随音乐敲击荧光棒和戳巨龙背景板。												

评分标准：0 分：一点都不会；1 分：肢体协助下完成；2 分：口头提示下完成；3 分：独立完成。

（续上表）

教学设计的特点
一、教学形式与现实生活紧密联系 本课立足于新课标与学校“悦生课程”下“悦学习”“悦休闲”板块，为“悦韵，动感而来”艺术节的十一月“动感悦生活”课堂拓展内容，通过创设情景的模式，利用结构化教学与道具设置，通过音乐游戏的方式让课堂更生动有趣；结合现阶段疫情背景，进行了线上教学预案设计，通过短视频的指导形式，使教学既富有创造性又充满操作性。 二、具有趣味性，音乐与戏剧的结合 本课结合了童话故事《勇士与巨龙》的情节，把音乐游戏以故事的形式串联起来，各项活动以故事任务呈现，引导学生在游戏中感受音乐，通过音乐游戏的推动进行音乐实践。 三、创新使用流行音乐与奥尔夫音乐的结合 本次活动以流行音乐《达拉崩吧》为主题音乐，以该音乐鲜明的旋律特点以及 B 段自然的节奏变化为灵感设计音乐游戏活动；奥尔夫音乐《铁匠之歌》有鲜明的节奏感，将其运用到本次音乐游戏中，与咒语相结合形成《咒语之歌》，并通过后期音乐节奏分割变速调整，形成其中一个任务。 四、使用多元教学策略利于教学目标的达成 使用集体教学中的差异教学，融入分组合作的小组教学，并与个别指导相结合，统合示范演绎、工作分析、任务驱动、强化、视觉提示、同侪互助等多种教学方法与策略，充分利用学生的多感官体验，让学生在体验、参与、操作中获得最直接的音乐体验，习得技能。 五、运用音乐材料初步融合音乐创作，发展音乐能力 本课中，教师通过各任务，引导学生探索音乐，并鼓励即兴编创关于音乐节奏变化的反应动作。学生通过律动暖身与团体活动中的两首音乐的节奏变化，进一步练习听辨声音的快慢、长短，以及对音乐节奏变化作出反应。 六、有效利用结构化教学，提高课堂学习效率 本课沿用了以音乐旋律代替语言的方式进行结构化教学，《上课歌》和《下课歌》以及琶音音阶等是预备上课和正式上下课的音乐标记，该课堂中也通过咒语“达拉崩吧斑得贝迪卜多比鲁翁”还有主助教的服饰道具进行课堂与游戏的情景转换。

（续上表）

线上教学预案					
由于现阶段为新冠肺炎疫情期间，本次新授课准备了线上教学预案，除教学过程外，其他重难点与目标不变，预案教学设计如下所示：					
教学环节	教师活动	学生活动	设计意图	家长指导建议	时间
点名问好	1. 预告本次居家指引的所有内容； 2.《问好歌》。	完成《问好歌》，向教师问好。	用结构化的音乐段落代替语言描述，提醒学生进入上课状态。	主教提前发放本次居家指引所需道具材料表，让家长提前帮助学生准备道具；向C组学生家长发送分段要领以及辅助的注意事项，如：先语言介绍本次课堂流程、让学生看2～3次视频，家长语言辅助讲解说明。	1分钟
情景导入	一、情景切换 小仙女介绍达拉崩吧王国。 二、看一看——进入达拉崩吧王国 1. 接受小仙女的任务，听着咒语进入达拉崩吧王国； 2. 观看《欢迎来到达拉崩吧王国》的剧情视频。	认识小仙女，感受剧情导入；看视频了解剧情；知道国王、公主、巨龙这三个角色；接受剧情任务。	小仙女的出现提示主教从教师到任务发起者的情景转变；结合视频，以第一视角带着学生了解故事背景。	情景切换时家长可以根据学生认知情况，通过提醒视频主角服饰、声音的转变提醒情景切换；根据学生的认知情况可增加语言辅助介绍剧情。	1分钟

（续上表）

教学环节	教师活动	学生活动	设计意图	家长指导建议	时间
律动暖身	完成听一听——成为勇士 1. 认识骑士； 2. 在骑士的带领下准备武器，听《咒语之歌》（奥尔夫音乐《鞋匠之歌》），并根据音乐节奏完成动作，铸造武器。	知道骑士这一角色；听《咒语之歌》，根据音乐节奏变化完成拍打的动作。	切换上课的情景模式，通过“武器”这一道具引导学生成为骑士；通过奥尔夫音乐《鞋匠之歌》（后期改编了节奏变化），在情景中增加游戏任务——根据音乐节奏完成动作反应。	家长需要辅助孩子寻找道具，可以先让孩子自行寻找，也可以提供两样让他们选择；《鞋匠之歌》有三种节奏型，可以根据学生的能力进行反复练习。	2 分钟
游戏体验	做一做——消灭巨龙 在游戏中能配合音乐作出对的节奏和速度。 1. 先看骑士分段示范，进行练习； 2. 再跟着一起完成消灭巨龙的音乐游戏任务。	跟着骑士辨别音乐节奏段落；跟着视频与音乐节奏变化一起完成音乐游戏任务。	通过主题音乐《达拉崩吧》B段中反复性的旋律，改变音乐节奏形成音乐游戏的要素。设计剧情任务，要求根据音乐节奏变化准确进行动作反应，从而推动剧情任务。	家长在分段示范部分可以根据学生能力进行反复的切换辨别与练习；C 组只选择第一个普通节奏型进行模仿即可。	3 分钟

（续上表）

教学环节	教师活动	学生活动	设计意图	家长指导建议	时间
总结放松	1. 小仙女宣布任务完成； 2. 闭上眼睛听音乐放松； 3. 回到现实，《下课歌》提示本次音乐游戏活动结束。	跟着指令与音乐闭上眼睛放松；跟唱《下课歌》。	用结构化的音乐段落代替语言描述，提醒活动状态。	学生在家可以适当更换常用的柔和平缓音乐；可根据学生情况增减时长；可根据学生状态调节休息动作与姿势。	1 分钟

第五章

悦动健康课程

理论部分：王惠芳　蔡燕丹

实践部分：蔡燕丹　钱超云　李鹏颖

学科支持：黄少明　蔡　浔　陈　桦　陈　婷　韩灯峰　黄洁玲

李博文　宋书婷　王蓉娟　吴冬莹　邹　苹

第一节　悦动健康课程构建

体育让生命更具动力。在“悦文化”的浸润下，启智学校秉承“我运动、我健康、我快乐”的体育精神和生活理念，构建了悦动健康课程，实施了体育悦课堂，开展了体育大课间、趣味运动会、亲子体育游戏节等一系列阳光体育活动。

一、课程理念

（一）“人学”理念引领课程方向

被称为当代哲学的主题形态的“人学”是指“系统研究人的本质、存在和历史发展规律的理论”，也是一种以自觉的方式表达人文基础的世界观。通过关注人的各个层次的发展，最终达到对人本身的整体性理解，从而实现人作为实践活动的主体的自觉。教育家杜威认为人是教育中的“太阳”，教育应是以人为对象的，是培养人的社会实践的活动，要把人作为教育活动的起点和终点，因此提出“以人为本”的教育呼告，要求我们要把阳光普撒于受教育者的身上，将目光转移到人的身上。人的全面发展理论也提及了一种唯物主义思想——以人为本，强调人的发展应该是全面多元的。这一学说是我国教育目的确立的依据，要求我们树立以人为本的发展理念，促进人的体力、智力、能力、道德品质、精神品质以及情感态度等方面的全面发展。因此，特殊儿童的发展也应当是全面的发展，这是我们看待特殊儿童及特殊儿童发展问题的初衷，也是特殊教育的逻辑起点。

（二）健康课程全方位发展学生能力

《3～6岁儿童学习与发展指南》指出：“以促进幼儿体、智、德、美各方面的协调发展为核心，从健康、语言、社会、科学、艺术五大领域描述幼儿的学习与发展。”儿童的全面发展是儿童发展的最终目标，儿童五大领域的发展是对儿童全面发展的进一步解读，而实现五大领域发展、全面发展，关键则在于五大领域教育。五大领域发展关注学生的全面和谐发展，这正是人学与教育结合的体现，也是对人的全面发展的解读和建构。从健康领域看，健康指身体健康、心理健康和社会适应，包括了身心状况、动作发展、生活习惯与生活能力。2016年，中共中央、国务院印发的《“健康中国2030”规划纲要》明确指出：“健康是促进人的全面发展的必然要求，是经济社会发展的基础条件。”儿童健康发展是儿童发展的必然要求，涉及身体健康、心理健康和社会适应。因此，为培养德智体美劳全面发展的特殊学生，学校开设了运动保健、心理健康与康复训练三门课程作为健康教育领域的重要组成部分，毫不动摇地坚持人的全面发展。

（三）健康课程三大领域的解构

“教育与康复相结合”是学校课程设置的基本原则。培智学生是高度异质且多样化的群体，除智力障碍之外，多数伴有动作、感知觉、沟通与交往、情绪与行为等障碍，其个体间差异及个体内差异较为显著。教育与康复的有机结合，能补偿学生身心缺陷，满足其学习与发展需求。

康复训练课程以促进学生能力提升和身心健康发展为主要目的，综合、协调地应用各种措施，对功能障碍者提供一系列基础训练、专业技术和环境支持的服务，使学生达到和维持身心最佳的功能状态。课程以学生发展为根本，强调从学生现有水平出发，满足其个性化康复需求。通过科学、合理、有效的康复训练，实现缺陷补偿和潜能开发，为学生适应社会以及终身学习与发展创造最基本的条件。同时，根据学生生理和心理发展需求，针对学生的动作、感知觉、沟通与交往、情绪与行为等功能障碍，在全面评估的基础上，制订并实施个别化康复训练方案，增进学生的生活、学习与社会适应能力，提升其生活质量。针对其身心障碍导致的功能受限，提供全方位的自然支持和专业支持，包括提供辅具和环境改造等，充分利用环境中的积极因素补偿学生缺陷，改善其身心障碍状况，提升其活动和参与能力。因此，课程总目标是通过康复训练，改善学生在动作、感知觉、沟通与交往、情绪与行为等方面的功能障碍，提升其注意、记忆、言语、思维、情绪等发展水平，促进其潜能开发，为学生适应日常生活与学习活动，以及终身发展奠定基础。据此，课程内容分为动作训练、感知觉训练、沟通与交往训练、情绪与行为训练四大模块。

运动是指采取走、跑、跳、投等多种形式的体育活动；保健是指通过合理的运动，达到保养身体、减少疾病、保护和增进人体健康的综合性措施。学校运动保健课程遵照“健康第一”的指导思想，坚持育人为本，根据培智学生身心发展特点和实际需要，强化体育课和课外锻炼，促进学生身心健康、体魄强健。根据多维健康观和体育学科的特点，结合培智学生的身心发展实际，借鉴义务教育体育与健康课程改革的经验，运动保健课程设置了课程目标体系以及运动技能、身体健康、心理健康三个方面的课程内容。通过课程的学习，学生将掌握运动保健的基础知识、基本技能和方法，发展体能，开发潜能，促进功能康复和补偿；培养学生参与运动的兴趣和爱好，体验运动的乐趣与成功，逐步养成体育锻炼的好习惯；培养学生良好的心理品质以及合作与交往能力，健康的生活方式和积极进取、乐观开朗的人生态度，为融入社会打下基础。

学校还开展心理健康课程，心理健康教育的目的也是实现人的全面发展。心理健康不仅是人类特征发展的基础，也是自由人格发展与完善的基础和重要内容，还是人类社会特征发展的基础。一个人的发展是动态的，实现人的全面发展是一个渐进实现且长期坚持的过程。要想实现人的全面发展，心理健康的实现是必经之路，也是先决基础条件。培智学生的心理发展规律与正常儿童存在一致性，但由于他们存在智能上的不足，发展迟滞，在认知、情绪、意志行为与人格特征方面都与正常儿童有一定的差别，在一定程度上落后于正常儿童。结合心理发展特点和社会要求，可在情绪、主导活动、人际适应、了解自己和环境等方面对培智学生心理健康加以考察，以培养积极心理品质为主，注重优势发展，课程内容包括提高自我认识、建立人际关系、增强社会适应性等方面。

二、实施模式

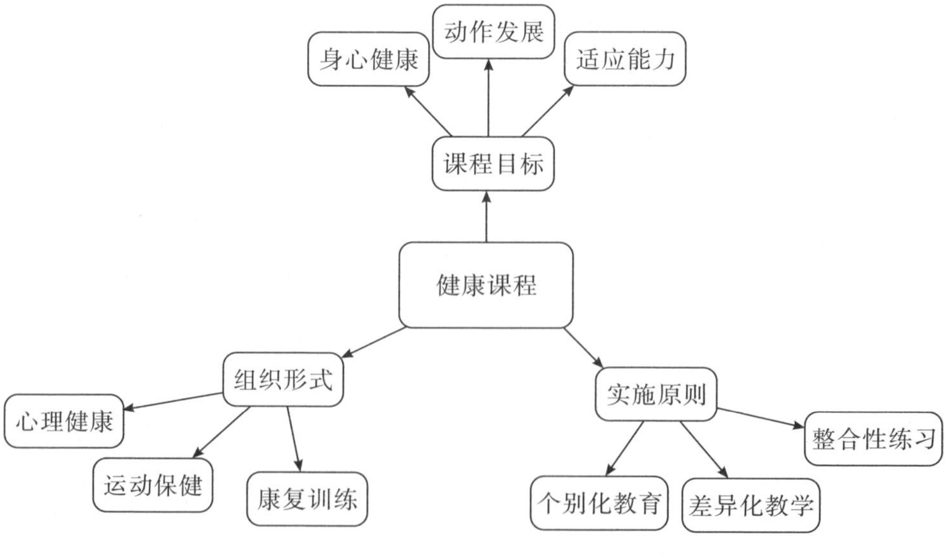

图5-1 悦动健康课程“3+3+3”健康课程体系

依据校本特色课程建设的理念，在对普通中小学体育、运动保健和康复训练课程标准进行多元分析定位后，学校提出“3+3+3”健康课程体系，为健康课程的落地提供可行性路径。

（一）三大课程目标

第一个“3”是指课程的三大目标，即身心健康、动作发展和适应能力。身心健康包括具有健康体态、情绪安定愉快和具有一定的适应能力；动作发展包括动作平衡、协调、灵敏，具有力量和耐力，手的动作灵活协调；适应能力包括良好的生活卫生习惯、具有基本的自理能力和基本的自我保护力。基于学校的实际情况，在学校体育课程中以民族传统体育项目为载体，让学生体悟民族传统体育文化。

（二）三大组织形式

第二个“3”是指课程的组织形式。校本化健康课程以科目方式组织整个课程，分为心理健康、运动保健、康复训练三个课程进行教学，形成三个资源丰富的课程类型，即个性化的康复训练课程、基础性的运动保健课程和拓展性的心理健康课程，循序渐进、由浅入深，满足不同层次的需要。三个课程互相补充、互相促进，各有侧重。心理健康课程作为统领性的课程，有着开发学生优势潜能的作用，围绕学生的认知基础、行为适应、情绪情感健康等方面进行教学，为学生的其他学科学习提供良好的学习适应基础，促进学生全面发展。运动保健课程以发展学生的动作协调、肌肉力量，维持学生的身体机能，减少退化的风险，提高学生的生活适应能力为目标，形式多样，贯穿于一日作息中，全方位锻炼学生能力。在课程实施中，康复训练课程作为补救性的个性化课程，主要改善学生在动作、感知觉等方面的功能障碍，提升学生基础身体感知力，提高上课的专注度，从而使学生适应日常与集体课程，有利于在基础性的运动保健课程中学习更为复杂的运动技能。

（三）三大实施原则

第三个“3”是指课程的实施原则，包括个别化教育、差异化教学、整合性练习。1975 年，美国政府制定了《所有残疾儿童教育法》（*Education of All Handicapped Children Act*），该法强调在最少限制环境中提供免费、恰当的公立教育，强调为每个特殊儿童制订具有法律效力的个别化教育计划。从实践的角度讲，对特殊儿童实施个别化教学是特殊教育发展的必然进程。在校本化的健康课程中，学校同样采用个别化教育的方式，以满足学生的学习需求。差异化教学不是孤立地研究个体的个性发展，而是直接着眼于学生个体间差异、个体内差异，将每个学生看作平等的一员，不重在诊断残疾程度，而重在诊断在学习与发展上有哪些不同的学习需要，强调学生自主学习，促进个体相互作用，满足他们的不同需要，并给予帮助和支持。这是基于健康课程从“人学”理念出发，以人为本，满足个体多元需求。整合性练习是在三大课程的组织形式以外，健康课程因应特殊学生的学习特点，组织综合性活动使学生得以整合练习有关的技能，更好地适应生活。学校始终以人为本创造机会与情境使学生得以发展，让学生成为身心健康的个体。

三、未来展望

学校的健康课程缺少系统性，顺应时代潮流变化，可将健康课程重新归类，分为健康理论课、健康活动课、健康兴趣课和健康训练课。健康理论课包括身心发展教育、体育理论教育、身心保健等课程，运用多种教学手段，如绘本故事阅读、戏剧表演、信息化教学等吸引学生参与学习。健康活动课包括一般身体训练和运动技能学习，符合学校运动保健课程的状态。健康兴趣课则是充分培养学生的兴趣爱好，以俱乐部形式让学生参与进来，充分发挥学生个性，让学生在规则允许的条件下体面地经历输赢，感受运动的深层乐趣。健康训练课则为有运动特长和康复训练需求的学生准备。各健康课程的教师可以根据自己的特色专业在不同的板块发挥自己的优势，加强运动特长生的培养和积累康复训练的成果。

另外，健康课程应科学地构建评价体系，突出课程主导地位。构建评价体系对于健康课程整体构建具有重要作用。对于学生应综合评价，单一的结果性评价已经不能满足课程需求，我们要更重视过程性评价。其评价指标应包含三门课程的多种指标，同时学生互评与教师评价相结合，全方面对学生进行评价。让学生客观正确地认识自身，查找不足，促进身心的全面发展。

第二节　悦动健康课程实践

学校的悦动健康课程分为心理健康、运动保健、康复训练三大板块。在心理健康方面，学校针对特殊儿童的心理特点开发了心理健康课程。下面就心理健康课程的开发情况进行例述。

一、启智学校心理健康教育构建

《特殊儿童心理学》一书提出，要想对不同类型的特殊儿童进行科学鉴别、评估和有效的干预、教育与康复，必须研究特殊儿童的心理，了解各类特殊儿童心理的发生、发展过程和变化的规律。因此，关注特殊儿童的心理健康领域，了解他们的发展阶段与特点，能帮助特殊教育教师更好地掌握学生状态，制定合理的教学目标。《培智学校义务教育课程标准（2016 年版）》中就明确指出，心理健康是指学生自我感觉良好以及和社会和谐相处的状态与过程，与体育运动学习和锻炼、身体健康密切相关。课程重视培养学生良好的自信心、意志、品质，以及体育道德、合作精神、公平竞争的意识，促进学生提高调节情绪的能力和社会适应能力，帮助学生形成积极乐观的生活态度。可见心理健康教育在特殊儿童教育中的重要性。

（一）以学生为本，构建课程目标与三层体系

学校以学生残障类型、心理健康需求为横向主线，以学生年龄特点、心理健康教育为纵向主线，逐渐建构了较为全面而系统的心理健康教育课程目标体系。结合特殊儿童的身心特点，校本化的心理健康课程设置了分层次的课程体系，包括认知基础、行为适应与情绪情感。智力障碍儿童的认知基础薄弱或发展明显滞后，若在低年部阶段补足学生的认知基础，可协助学生更好地适应中年部的生活，以及适应高年部的社会融合。认知基础主要包括感知觉、注意力、控制力、记忆力等方面，为学生整个义务教育阶段打下坚实的基础。行为适应领域包括了解自我、人际交往与青春期行为，为学生的社会适应提供基础的自我了解与社交技巧。情绪情感领域包括情绪识别、情绪理解、情绪调节等，为特殊儿童的自我调节与自我决策提供良好的心理支撑，帮助他们更好地适应社会。

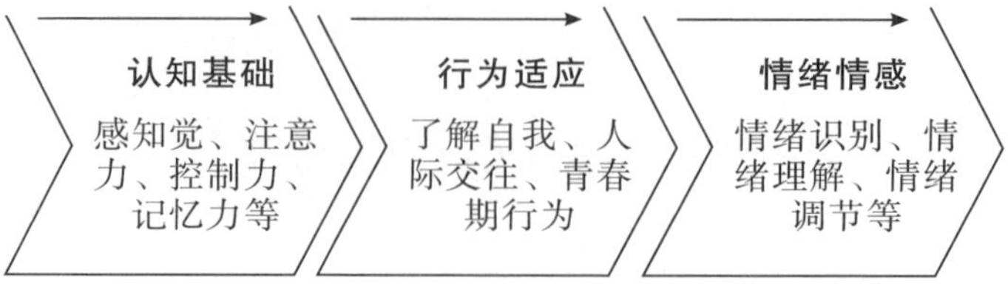

图5－2 课程体系

（二）坚持科学原则，提高实施成效

1．个性化原则

特殊教育注重个别化教育，在校本化的心理健康课程的实施中同样注重个别化教育的渗透。三大领域的课程体系基本对应着不同年部学生的心理需求，在实施中教师将依据学生需求及能力层次做适当的调整，确保教学目标与能力目标符合每个学生的个性化要求。同时在实施中进行差异化教学，调整教学内容与教学方法，使每个学生有最好的发展。

2．多元化原则

心理健康课程的实施坚持多元化原则，以满足学生不同的需求。

第一是多元化的课程。心理健康课程以“悦文化”为指引，在国家课标与心理健康教育指导纲要的指引下设置不同的课程内容，丰富整个课程体系。在三层课程体系下，在低年部课程实施中渗透感知觉体验理解、注意力训练等内容；中年部学生主要学习自我了解、人际交往与青春期教育方面的内容；高年部学生主要学习情绪情感的自我认知与自我调节，使特殊儿童在面向社会时能更好适应。

第二是课程组织多元化。在个别化教育和教育诊断与评量结果指引下，心理健康教育课程设置集体课、一对一训练课，以满足学生不同的教育需求。例如，对有情绪行为障碍的自闭症学生进行情绪辨识、理解与表达的训练，让学生对他人、对自己有一定的情绪理解能力。

3．最大可能性原则

《培智学校义务教育康复训练课程标准（2016年版）》提出，康复训练以促进残障学生身心健康发展、提高学生能力为主要目的，注重学生的功能康复和潜能开发。《中小学心理健康教育指导纲要》提出，心理健康是个体拥有积极的心理品质以及潜能得到最为完整的发展，因此健康的心理意味着潜能的充分开发。对于普通儿童与特殊儿童均为如此。心理健康课程的开设，为特殊儿童的心理健康保驾护航。

（三）提供专业保障，确保课程有序实施

校本化心理健康课程执教教师均为心理学专业教师，这为课程的开发与实施提供了专业保障。在教师专业发展中，学校注重培训教师的理论与技能，多次输送教师参加心理学与特殊教育的培训。学校注重提升教师的心理健康水平。通过校外专家辅导、校内心理团队带领的方式，特殊教育教师疏导工作与生活压力，运用积极心理学的方式调整与学生的相处模式。

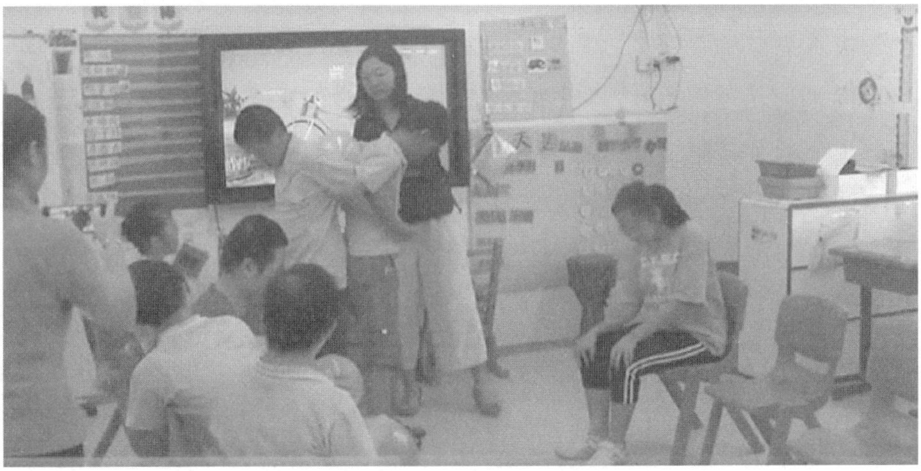

图5－3　情绪课堂“‘害怕’情绪的温度计”

（四）家校合作，确保学生校内外教育质量

习近平总书记说，家庭是人生的第一所学校，家长是孩子的第一任老师，要给孩子讲好“人生第一课”，帮助扣好人生第一粒扣子。家庭教育越来越受到人们的重视。而家长的心理健康水平很大程度上影响着孩子的心理健康发展。学校向来重视特殊儿童的家庭教育，除了提供专业的特殊教育康复方面的培训，还在心理方面提供了团体辅导。家长们抱团取暖，共诉特殊儿童家庭养育的苦衷，在团体中得到支持与温暖，这使他们回到家庭中可以更好地应对孩子，减少以暴力的方式对待孩子。

二、《足下生辉》校本教材开发

学校积极落实立德树人根本任务，培育和践行社会主义核心价值观，以“悦文化”为引领方向，以“悦生课程”为载体，大力开展“悦运动”，其中“悦足球”便是“悦运动”中非常重要的一部分。围绕中国学校体育改革发展的总体目标——让广大青少年在体育锻炼中“享受乐趣、增强体质、健全人格、锤炼意志”，以及《中国足球改革发展总体方案》《教育部等6部门关于加快发展青少年校园足球的实施意见》提出的把发展青少年校园足球作为落实立德树人根本任务、培育和践行社会主义核心价值观的重要措施，作为推进素质教育、引领学校教育改革创新的重要突破口。学校大胆探索，将校园足球应用在特殊儿童运动疗育这一领域，挖掘、整合、辐射校园足球的育人功能。生生会足球、生生悦足球，让每一个学生都能在校园足球的体验活动中得到全面而有个性的发展，通过足球活动影响特殊儿童，以此来促进康复与健康，增添快乐与能量，建立沟通与交往，树立自信与荣誉，提高生活品质与规划美好人生等。并将多样化的足球形式运用到黄埔区启智学校校园生活及周边社区生活，使其成为学生生活当中重要的一部分，以达到“促康、增能、悦融”的目的。为此，学校开发了融合足球校本课程，编写了《足下生辉》校本教材。以下以“足下生辉——脚内侧踢球”公开课教学设计为例进行展示。

图5－4　《足下生辉》校本教材封面

表 5-1 “足下生辉——脚内侧踢球”公开课教学设计

扫一扫

<table>
<tr><td colspan="4">教学基本信息</td></tr>
<tr><td>课题名称</td><td colspan="3">足球运用于特殊儿童运动疗育中的实践研究——以广州市黄埔区启智学校为例</td></tr>
<tr><td colspan="4">在《培智学校义务教育课程标准（2016 年版）》和国内校园足球相关文件的多重指引下，学校将校园“悦文化”与足球活动相结合，开设特色足球活动“悦足球”。因为国内特殊教育学校至今无统一的体育课程，并且学校自开办以来，一直缺乏体育方面的校本课程，所以学校大胆创新，积极探索，在教育教学过程中渐渐地形成了一套以“悦足球”为核心的校本课程“足下生辉”。“鹰击天风壮，鹏飞海浪春”，通过校园足球课程的学习，特殊儿童不仅能在体育训练和比赛中激发潜能，精进足球，还能促进康复与健康，增添快乐与能量，建立沟通与交往，树立自信与荣誉，提高生活品质与规划美好人生等。
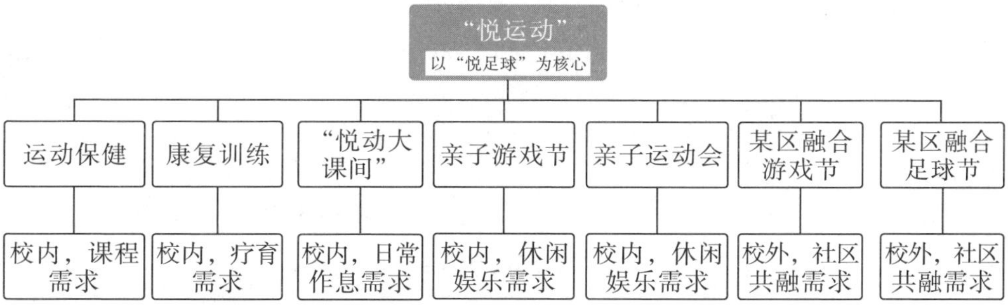
</td></tr>
<tr><td>学科/领域</td><td>特殊教育/运动与保健</td><td>年级</td><td>六年级</td></tr>
<tr><td>主题名称</td><td>足球悦生活</td><td>单元名称</td><td>足下生辉——脚内侧踢球</td></tr>
<tr><td>设计者</td><td>钱老师</td><td>执教人员</td><td>主教：钱老师
助教：林老师</td></tr>
<tr><td>教学形态</td><td colspan="3">个别（√） 小组（√） 团体（√） 协同（√）</td></tr>
<tr><td>国标</td><td colspan="3">7.1 运动参与 7.1.1 参与体育运动学习和锻炼 7.1.1.1 主动参与运动与保健课的学习及课外体育活动（辅）
7.2 运动技能 7.2.2 运动技能和方法 7.2.2.3 基本掌握一些简单的体育游戏方法和规则（主）</td></tr>
</table>

（续上表）

<table>
<tr><th colspan="4">教学背景分析</th></tr>
<tr><td rowspan="25">学情分析（含分层设计）</td><td colspan="2">知动现有能力</td><td>学习优弱分析</td></tr>
<tr><td rowspan="2">仪</td><td rowspan="2">已过 12 项</td><td>优：（认知）有一定的认知能力。</td></tr>
<tr><td>弱：（动作）膝踝足关节的稳定控制较弱。</td></tr>
<tr><td rowspan="2">强</td><td rowspan="2">已过 12 项</td><td>优：（认知）有一定的认知能力。</td></tr>
<tr><td>弱：（动作）膝踝足关节的稳定控制较弱。</td></tr>
<tr><td rowspan="2">刚</td><td rowspan="2">已过 12 项</td><td>优：（认知）有一定的认知能力。</td></tr>
<tr><td>弱：（动作）膝踝足关节的稳定控制较弱。</td></tr>
<tr><td rowspan="2">俊</td><td rowspan="2">已过 12 项</td><td>优：（认知）有一定的认知能力。</td></tr>
<tr><td>弱：（动作）膝踝足关节的稳定控制较弱。</td></tr>
<tr><td rowspan="2">文</td><td rowspan="2">知动 11 项</td><td>优：（言语）有一定的口语理解及表达能力。</td></tr>
<tr><td>弱：（社会）主动关注环境的能力较弱。</td></tr>
<tr><td rowspan="2">柱</td><td rowspan="2">知动 11 项</td><td>优：（言语）有一定的口语理解及表达能力。</td></tr>
<tr><td>弱：（社会）主动关注环境的能力较弱。</td></tr>
<tr><td rowspan="2">鸣</td><td rowspan="2">知动 11 项</td><td>优：（言语）有一定的口语理解及仿说能力。</td></tr>
<tr><td>弱：（社会）主动关注环境的能力较弱。</td></tr>
<tr><td rowspan="2">翰</td><td rowspan="2">知动 11 项</td><td>优：（言语）有一定的口语理解及表达能力。</td></tr>
<tr><td>弱：（社会）主动关注环境的能力较弱。</td></tr>
<tr><td rowspan="2">荃</td><td rowspan="2">知动 9 项</td><td>优：（言语）有一定的口语理解及仿说能力。</td></tr>
<tr><td>弱：（社会）听到口语指令能立即执行的能力较弱。</td></tr>
<tr><td rowspan="2">林</td><td rowspan="2">知动 7 项</td><td>优：（言语）有一定的非口语理解、手部操作表达的能力。</td></tr>
<tr><td>弱：（动作）交替半跪、双手（主副手）协调操作的能力较弱。</td></tr>
<tr><td rowspan="2">钰</td><td rowspan="2">知动 6 项</td><td>优：（言语）有一定的非口语理解、手部操作表达的能力。</td></tr>
<tr><td>弱：（社会）关注别人的动作与要求、立即执行简单动作要求的能力较弱。</td></tr>
<tr><td rowspan="2">熙</td><td rowspan="2">知动 6 项</td><td>优：（言语）有一定的非口语理解、手部操作表达的能力。</td></tr>
<tr><td>弱：（社会）关注别人的动作与要求、立即执行简单动作要求的能力较弱。</td></tr>
</table>

（续上表）

学情分析（含分层设计）	通过知动能力 0 ~ 12 项的评估，能准确找出做不到的背后是什么，是感觉？是动作？是认知？是言语？是社会？在相应领域及时给予支持。				
	姓名	运动参与	运动技能	身体健康	心理健康
	强（智力）	能主动、积极地参与足球技能的学习。	处于运动泛化阶段，能较好地做出运、传、过、射等组合动作，能比赛，能控球，不稳定。	身体灵敏协调性较好，体能较好。	竞争、合作意识较好，敢于挑战，自我激励。
	刚（智力）	能主动、积极地参与足球技能的学习。	处于运动泛化阶段，能较好地做出足球部分组合动作，能比赛，能控球，不稳定。	身体灵敏协调性较好，体能较好。	竞争、合作意识较好，敢于挑战，自我激励。
	仪（智力）	能主动、积极地参与足球技能的学习。	处于运动泛化阶段，能较好地进行足球部分组合动作的学习，能比赛，能控球，不稳定。	身体灵敏协调性较好，体能较好。	竞争、合作意识较好，敢于挑战，自我激励。
	文（唐氏）	能主动、积极地参与足球技能的学习。	处于运动分化阶段，具备组合动作学习模仿的能力，完成质量一般，注意力易分散，需提示。	身体灵敏协调性一般，体能一般。	竞争、合作意识一般，敢于挑战，遇到困难易焦虑，能自我调节情绪。

（续上表）

	姓名	运动参与	运动技能	身体健康	心理健康
学情分析（含分层设计）	柱（智力）	能主动、积极地参与足球技能的学习。	处于运动分化阶段，具备组合动作学习模仿的能力，完成质量一般，注意力易分散，需提示。	身体灵敏协调性一般，体能一般。	竞争、合作意识一般，遇到困难易焦虑，能自我调节情绪。
	俊（自闭）	主动性一般，积极性一般。	处于运动分化阶段，具备单一动作学习模仿的能力，完成质量一般，注意力易分散，需提示。	身体灵敏协调性一般，体能一般。	竞争、合作意识一般，遇到困难易焦虑，能自我调节情绪。
	林（智力）	参与性较弱。	处于运动分化阶段，具备单一动作学习模仿的能力，完成质量较差，注意力易分散，需提示。	运动能力较弱，运动技巧及体能待发展。	竞争、合作意识一般，易出现情绪行为，情绪不稳定。
	鸣（自闭）	参与性较弱。	处于运动分化阶段，具备单一动作学习模仿的能力，完成质量较差。注意力易分散，需提示。	运动能力较弱，运动技巧及体能待发展。	竞争、合作意识一般，易出现情绪行为，情绪不稳定。
	翰（自闭）	参与性较弱。	处于动作感知阶段，有运动技能学习意识，完成质量较差，需辅助。	运动能力较弱，运动技巧及体能待发展。	竞争、合作意识一般，易出现情绪行为，情绪不稳定。

（续上表）

<table>
<tr><td rowspan="5">学情分析（含分层设计）</td><td>姓名</td><td>运动参与</td><td>运动技能</td><td>身体健康</td><td>心理健康</td></tr>
<tr><td>熙（智力）</td><td>较难参与活动。</td><td>处于动作感知阶段，有运动技能学习意识，完成质量较差，需辅助。</td><td>运动能力较弱，运动技巧及体能待发展。</td><td>竞争、合作意识较弱，易出现情绪行为，需特别关注。</td></tr>
<tr><td>荃（自闭）</td><td>较难参与活动。</td><td>处于动作感知阶段，有运动技能学习意识，完成质量较差，需辅助。</td><td>运动能力较弱，运动技巧及体能待发展。</td><td>竞争、合作意识较差，易出现情绪行为，需特别关注。</td></tr>
<tr><td>钰（多重）</td><td>较难参与活动。</td><td>处于动作感知阶段，知道部分学习内容，对活动有感觉，身体控制能力较弱，需肢体辅助。</td><td>运动能力较弱，运动技巧及体能待发展。</td><td>竞争、合作意识较弱，易出现情绪行为，需特别关注。</td></tr>
<tr><td colspan="5">本班是六年级，学生水平处于水平二。根据校本课程“足下生辉”的评估，将学生分为三组，如下图所示。结合主题和相关知识背景，这节课是在学生已有能力的基础上拓展他们对足球的学习与体验。让学生通过传接、射门等方式，再一次提升、巩固自己的能力，以发现足球所赋予的能量与魅力。
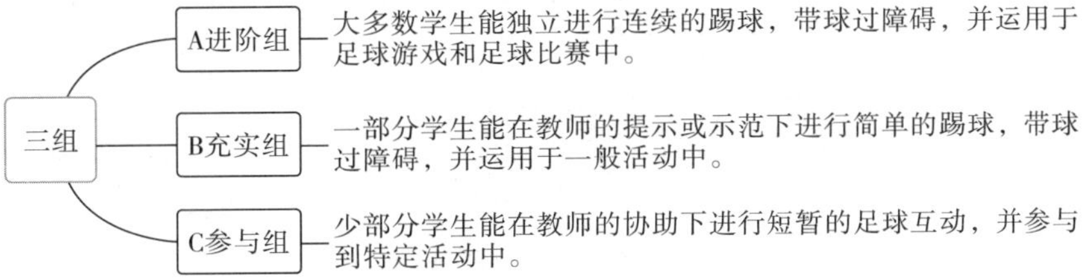
</td></tr>
</table>

（续上表）

<table>
<tr><td>教学
内容
分析</td><td>“足球悦生活”有多个分化主题，如“足球球性”“足球技巧”“足球游戏”“足球比赛”等。本节课是“足球技巧”的第一课时。学生通过脚内侧踢球，然后进行游戏打卡来完成小任务。按照教学进度，本节课是在带球和射门等基本技能的基础上，将障碍和游戏融入进来，再次升华。不但给学生眼前一亮的感觉，而且丰富了学生的运动体验，使运动变得有趣。我们提前在草地上布置障碍物和各个游戏区域，学生依靠身体的练习和适应来充分激发出内在潜能，达到人球合一。</td></tr>
<tr><td colspan="2">教学三维目标及教学重点、难点</td></tr>
<tr><td>教学
三维
目标</td><td>1. 认知目标：通过教学示范、图文结合、视音结合等来了解带球的不同动作。
2. 技能目标：通过踩、颠、踢、带、传、接、射等动作，来加强带球的能力。
3. 情意目标：既要培养学生大胆探索、尝试的自信心，又要教育学生保护和放松自己的身体。
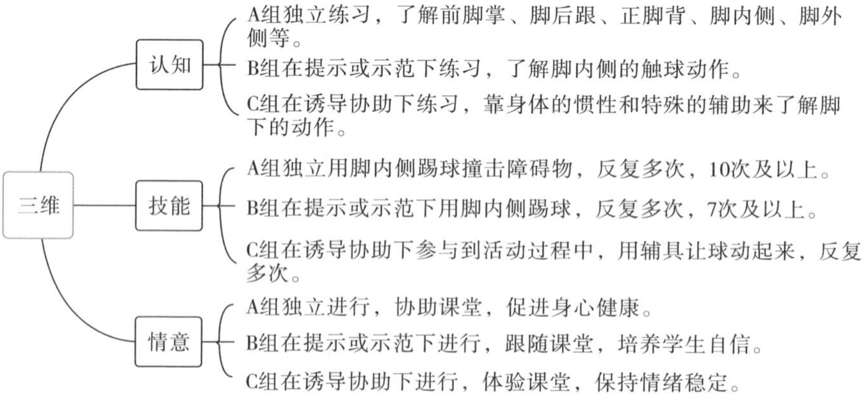
</td></tr>
<tr><td>教学
重难点</td><td>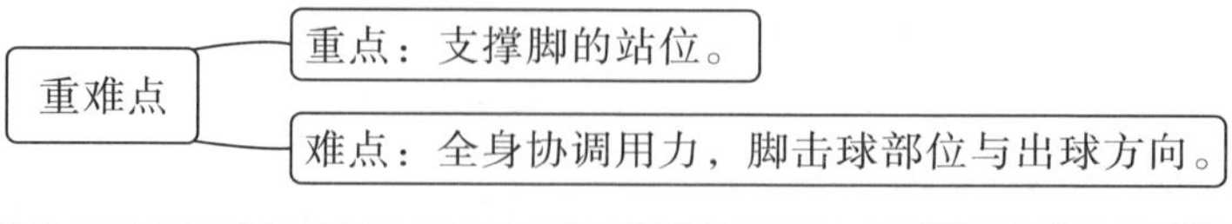
</td></tr>
</table>

（续上表）

个别化目标	教学目标来源与 IEP 位置的关系（国家课程标准与对应学科目标）												
与 IEP 相关的个体目标		仪	强	刚	文	柱	俊	林	鸣	翰	熙	荃	钰
国标	教学目标												
7.2.2.3　基本掌握一些简单的体育游戏方法和规则	在足球活动中，有带动同学或组织活动的意识和行为。	√	√	√	√	√							
	能掌握多种足球活动的方法，有接力、抢断、防守等意识和行为。						√	√	√	√			
	能掌握特定的足球活动方法，以便进行身体锻炼。										√	√	√

教学设计理念
先参考人教版《体育与健康》的足球内容，再结合校本课程“足下生辉”和全人疗育评估表，对学生进行前期评量，分别在教学内容、活动形式、训练手段和评估标准四方面切入，进行前后比较。启智学校秉承“悦运动、悦健康、悦融合、悦成长”的足球精神和生活理念，实施了足球“悦”课堂。

相关资源及备注事项	
相关资源	（环境支持、教学材料准备等） 球类道具和辅具。
备注事项（含预案）	（个别学生情绪处理、助教协助处理等注意事项） 视频调控；音乐调控；道具和辅具调控；生理刺激等。

（续上表）

教学设计过程					
教学环节	教师活动	学生活动	设计意图	个别需求及特殊应对策略	时间安排
一、准备	1. 教师播放足球比赛的视频，边播放边讲述； 2. 教师播放足球宝贝的音乐，边唱边跳。 3. 课前把学生提前分成三组，让学生穿好事先准备好的不同颜色的运动背心，如红队、绿队和蓝队；由助教从旁协助C组学生。	1. 学生蹲下，仔细观看； 2. 学生跟随教师一起律动。A进阶组，学生积极响应，独立模仿，用脚完成；B充实组，学生积极配合，在提示和示范下模仿，用手完成；C参与组，学生积极关注，在身体协助下模仿，用辅具完成。 （按实际情况再调整队列队形。）	1. 花色的背心能令课堂更有仪式感；通过视频，在第一时间吸引学生的注意力；稳定的蹲姿能给身体带来大量屈曲的感觉。 2. 通过唱游律动，达到身心激活的目的。	对于个别学生，我们可以让其一边把玩特定的足球道具和辅具，一边观看视频，反复多次，让学生逐渐适应，减少焦虑。	5分钟

（续上表）

教学设计过程					
教学环节	教师活动	学生活动	设计意图	个别需求及特殊应对策略	时间安排
二、开始	1. 教师讲解，初次演示。 （1）教师先介绍脚内侧踢球的缘由，再进行示范； （2）教师邀请学生代表尝试。 2. 教师发令，开始练习。 （1）教师要求所有学生一起来，第一次练习脚内侧踢球； （2）教师要求学生一个接一个地来，第二次练习脚内侧踢球； （3）教师要求所有学生一起来，第三次练习脚内侧踢球。 （每次开始时以吹哨为信号，结束时以敲锣为信号。同时，由助教拍下学生练习时的照片。）	1. 学生代表进行尝试，与同学们分享； 2. 学生分三次练习，从一起练习到逐个，再到一起。 A 进阶组，学生积极响应，独立练习，用脚完成； B 充实组，学生积极配合，在提示和示范下练习，用手完成； C 参与组，学生积极关注，在身体协助下练习，用辅具完成。 （按实际情况再调整队列队形。）	1. 通过学生自主练习脚内侧踢球，让学生在玩的过程中发现脚内侧踢球的困难或学生自主发现一些脚内侧踢球的方法，并和大家分享，达到自主、合作、探究的目的。 2. 通过照片中的自己，能更好地解决学生的困难，以强化脚内侧踢球的能力，为后续活动做铺垫。	对于个别学生，我们可以结合特定的足球道具和辅具，降低难度，让学生逐渐适应，有成就感。	10分钟

（续上表）

教学设计过程					
教学环节	教师活动	学生活动	设计意图	个别需求及特殊应对策略	时间安排
三、基本	1. 教师讲解，再次演示。教师通过视频播放来让学生了解游戏规则，教师再一次示范，把完整的流程走一次。 2. 视觉提示，反复多次。教师让学生到游戏区域进行打卡，分别有手持训练绳脚内侧踢球、对墙脚内侧踢球、对人脚内侧踢球、脚内侧踢球撞倒雪糕筒，难度依次递增。在各个区域内都有大大的视觉提示板和提前录制好的视频，让学生随时都能了解游戏规则。 （由助教播放视频，并拍下学生练习时的照片。）	1. 学生蹲下，仔细观看； 2. 学生按游戏规则进行。 A 进阶组，学生积极响应，独立完成，用脚完成； B 充实组，学生积极配合，在提示和示范下完成，用手完成； C 参与组，学生积极关注，在身体协助下完成，用辅具完成。 （按实际情况再调整队列队形。）	游戏环节中的视觉提示，能让学生充分地掌握脚内侧踢球的动作要领，达到巩固、拓展的目的。	对于个别学生，我们可以结合生活中特定的道具和辅具，加以设计，让学生逐渐适应，拓展延伸。	15 分钟

（续上表）

教学设计过程					
教学环节	教师活动	学生活动	设计意图	个别需求及特殊应对策略	时间安排
四、结束	1. 教师小结，课堂回顾——“这节课重点学习了脚内侧踢球，同学们发现脚内侧踢球的动作有五大要领，并且能在游戏中用到这些动作。你们真的太棒了！” 2. 教师带领，身体放松——“接下来，我们跟随音乐的节奏，放松我们的身体。请全部躺下，进行拍打挤压。像这种，是正确的放松动作，像这种，是错误的放松动作……” 3. 教师协助，收拾器材——“最后，请大家收拾好，到我这来，奖励球星卡片。” （助教从旁协助C组学生。）	1. 学生拉手聆听，与教师互动； 2. 学生找好朋友，结对互相放松； 3. 学生快速收拾器材，等待奖励。 A进阶组，学生积极响应，独立完成，用脚完成； B充实组，学生积极配合，在提示和示范下完成，用手完成； C参与组，学生积极关注，在身体协助下完成，用辅具完成。 （按实际情况再调整队列队形。）	整理回顾，让学生保持良好的运动习惯，以及更好的运动状态和拥有更健康的体魄，为下一次的运动蓄力；用按摩仪和震动器给学生放松，让学生保持新鲜感。	音乐调控；生理刺激等。	5分钟

（续上表）

学习效果评价设计													
与 IEP 相关的个体目标		仪	强	刚	文	柱	俊	林	鸣	翰	熙	荃	钰
国标	教学目标												
7.2.2.3　基本掌握一些简单的体育游戏方法和规则	在足球活动中，有带动同学或组织活动的意识和行为。	3	3	3	2	2							
	能掌握多种足球活动的方法，有接力、抢断、防守等意识和行为。						2	2	2	2			
	能掌握特定的足球活动方法，以便进行身体锻炼。										2	1	1
评分标准：0 分：一点都不会；1 分：肢体协助下完成；2 分：口头提示下完成；3 分：独立完成。													

教学设计的特点

教学内容与现实生活紧密联系。本课立足于学生的生活实际，选择游戏作为教学内容，游戏对于学生来说尤为关键，人之天性，不仅要玩，还要懂玩。

使用游戏、口头性鼓励等作为自然强化物能保持学生的学习动机。在本节课中利用游戏、口头性鼓励等作为学生学习的自然强化物，驱动学生学习动机，使教学成效更加显著。

教学反思

1．亮点

（1）趣视频，一开场通过视频第一时间吸引学生的注意力；

（2）趣障碍，障碍物的选择丰富多样，可以多种组合变化以适应不同学生的需求，增加或降低难度；

（3）趣辅具，利用特殊的辅具能提高学生的完成品质，从没法做到能做，从能做到做得漂亮；

（续上表）

教学反思
（4）趣游戏，将足球与生活情景、日常游戏等紧密结合，能提高学生的参与性、主动性和积极性； （5）趣律动，放松能让学生保持更好的运动状态和拥有更健康的体魄，为下一次运动蓄力。 2. 不足 各项道具、规则等要做进一步设计。 3. 改进 （1）直接开始游戏，最好玩的、最精彩的可放在开头； （2）分成若干组轮流参与游戏，组内团结协作，组外互相 PK； （3）通过榜样人物一次次地鼓励、激励大家，如武磊、郑智等明星球员； （4）在白板上制作足球活动图，分步骤设计，视觉呈现清晰明了； （5）手机或平板上的足球游戏作为强化的重要手段，充满科技感。

此外，学校还开展趣味运动会、亲子体育游戏节等。在趣味运动会上，强调学生独立参与，旨在挖掘学生运动潜质，提高学生自信心，为学生融入社会打下基础；在亲子体育游戏节中，学生与家人温馨互动，在提高学生运动能力与协作能力的同时，帮助家长进一步了解学生，促进家庭的和谐，帮助学生逐步走向独立，也促进了家校之间的联系。这些活动不仅成为学校的体育盛会，更是家长与孩子游戏的天地。

第六章

悦融教育成果

学校部分：邹　苹　黄欢红　蔡燕丹　李婉宁　钱超云
王雯琦　周　沛

学生部分：韩灯峰　林婷婷　钱超云　曾　林

家长部分：小郑妈妈　小姚妈妈

第一节 学校发展

十年风雨兼程，十年砥砺奋进。在“悦文化”的引领下，启智学校通过“三悦课程”的推进，形成了独具特色的乐融教育体系。师生共同发展，成为更好的自己。十年间，学校不断向学生喜欢、家长满意、教师幸福、社会认可的专业化特殊教育学校迈进。

学校秉持文化立校的发展原则，基于“悦文化”重点打造合唱队、足球队，举办美育节、讲故事比赛。学校合唱队、足球队多次在省市区比赛中获奖，学校音乐组荣获“巾帼文明岗”称号，越来越多的学校来到启智取经。学校的个别化工作经验在省市个别化教育经验评比中，多次荣获奖项。

一、教师成长

“师者，所以传道受业解惑也。”学校一直致力于打造特殊教育优质高效课堂。通过狠抓教师基本功，从教学设计到课堂实录，从微课到教学案例，直指系统而全面地优化课堂教学。在专业主轮换制，每年两场的专家指导培训推进中，启智学校教师也更美其美，在幸福工作的同时收获了自己的专业发展和社会荣誉。学校教师在省市区各项比赛中大放异彩，在市区担任专业职务，辐射引领专业发展。近几年，教师教学能力快速提升，教学硕果累累。教师分别获第二届广州市中小学青年教师教学能力大赛一等奖、广东省2021年美育教师教学基本功比赛一等奖；在第三届广东省中小学青年教师教学能力大赛中荣获一等奖第一名，并将按照流程申报广东省五一劳动奖章。依赖于有效的教研、科研，“我会扫二维码”“《达拉崩吧》音乐游戏”“我会搜索环保时装图片”等教学课例荣获广东省融合教育资源征集优质课例。自学校开办以来，教师获省市区教学相关奖项如表6－1、6－2所示。

表6－1　2012—2021年教学成果汇总表

项目等级	教学设计	课例（含微课）	案例	教学故事	三项技能
省级	2	6	19		
市级	2	7	8	1	4
区级	4	93	13		

表6－2　2012—2021年教师教学能力获奖情况（部分）

比赛名称	奖次	颁奖单位
第三届广东省中小学青年教师教学能力大赛	一等奖第一名	广东省总工会、广东省教育厅
广东省2021年美育教师教学基本功比赛	一等奖	广东省教育厅
第二届广州市中小学青年教师教学能力大赛	一等奖	广州市教育局

个别化教育的探索过程是以学促研、以研促教的过程，在这一过程中也同步培养了复合型的教师队伍。学校教师担任广东省残疾人康复协会（智力残疾）专家委员会委员（1人）、广东省特殊教育优秀教师（1人）、广州市特殊教育中心组成员（3人）、广州市特殊教育骨干教师（2人）、黄埔区特殊教育中心组成员（5人）。1名教师成为南粤优秀教师。具体见表6－3。

表6－3　教师专业领域荣誉及职务担任情况

课题名称	级别	人数	聘任单位
南粤优秀教师	省	1	中共广东省委教育公众委员会、广东省教育厅等四部门
广东省特殊教育优秀教师	省	1	广东省教育学会
广东省残疾人康复协会（智力残疾）专家委员会委员	省	1	广东省残疾人康复协会
广州市特殊教育中心组成员	市	3	广州市教育研究院
广州市特殊教育骨干教师	市	2	广州市教育局
黄埔区特殊教育中心组成员	区	5	广州市黄埔区教育研究院

个别化教育推进的经验具有系统性、实践性、操作性，且具备推广应用的可行性。秉持着开放交流的专业态度，教师应邀到省内外交流分享。以专题讲座、现场答疑、经验分享等形式，向各地区同行推广经验（见表6－4）。此外，学校也广开大门，多次接待广州市花都区智能学校教师、贵州省水族自治县三都特殊教育学校教师跟岗学习。

表6－4　经验推广情况（部分举例）

时间	项目	级别	形式	效果
2020年	基于有效教学的教师专业成长	省级	专题讲座	促进茂名市特殊教师的有效教学能力提升
2021年	个别化教育计划的拟订与实施	省级	专题讲座、现场答疑	提高清远市特殊教师个别化教育计划的拟订与实施能力
2019年	黄埔区启智学校个别化教育课程建设成果	市级	经验分享	分享典型个别化教育课程建设成果
2021年	个别化教育计划的拟订与实施	区级	专题讲座、现场答疑	提高黄埔区特殊教师个别化教育计划的拟订与实施能力
2021年	随班就读教师专业标准视角下案例比赛分析	区级	专题讲座、现场答疑	提高黄埔区特殊教师成功案例撰写的能力
2021年	成功案例分享会	跨省	案例分享	提高香港匡智学校、贵州三都特殊教育学校教师个案研究的能力

二、特教心路

以下是学校几位优秀教师的教育感言。

（一）广东省特殊教育优秀教师——黄欢红

人生有梦想，生命有意义。2013年秋季开学，我实现了多年的梦想——成为一名音乐教师。从那一刻起，我的教育生涯里奏响了爱在启智的交响乐章。“生命因你动听”是主旋律。

你，亲爱的孩子。因为身体某方面的不足，来到启智学校。但你单纯的性格和纯真的笑容，每天都在告诉我，生活因简单而幸福。我的生命里，因为你的出现变得单纯而美丽。

你，勤劳的生活阿姨。擦鼻涕、擦屁股、换洗沾满大小便的裤子……几乎是你的日常。却未曾听见你有半句抱怨，你平凡而朴实的身影深深感动了我。

你，年轻的特教老师。面对上蹿下跳、时而尖叫或时而狂打头自伤的孩子，你能瞬间让他们安静。你让我明白了术业有专攻，仅有爱心并不能帮助特殊儿童康复成长。

你，启智大家庭。给了我许多学习深造的机会，包容了我工作中的许多不足，帮助我成为具有艺术疗育特长的专业教师。没有你，我就没有市特教音乐组组长的身份，更没有省特教优秀教师的荣誉。在帮助孩子成长的过程中，自己也活出了生命的光彩。

生命因爱在启智而动听。

（二）南粤优秀教师——蔡燕丹

回顾自己一路走来十年的特教职业生涯，感慨万千。从受到向阳儿童发展中心教师启发的阶段，到自己抓住专业学习的重要成长阶段，再到通过岗位轮换、教育局跟岗以及融合教育工作锻炼的相对成熟阶段。一路向前，一路成长，始终追随与保持教书育人的初心，使自己不离教学、不离专业，树立了优秀教师的榜样。

当然，专业成长也非一路顺风顺水。

一开始，我作为非特殊教育专业毕业的教师，在教学上是碰过壁的，不仅受到家长的质疑，面对特殊儿童也有过彷徨。

但是带着一腔热爱，从业第一年，我就阅读了数十本特殊教育专业书籍，查找了国内外专业文章，了解各类特殊儿童的特点与教学策略。从业第二年起，开始外出培训与教研，不放过每一次学习的机会，向同行、专家主动请教，还加入了名班主任工作室。

短短几年时间，我在专业上迅速成长，那个曾质疑我的自闭症孩子的家长心怀感激，孩子认字、说话、社交的能力都得到提升。现在，即使不再担任这名自闭症孩子的班主任，我也常常与家长交流孩子的情况，得到家长莫大的信任。回忆起这些，其实我很感谢这位家长，是她让我明白要担负起这份育人的责任，只有专业成长了，才能对孩子负责，对家长负责。

（三）五一劳动奖章获得者——周沛

十年，弹指一挥间。我在启智度过了人生中难忘的五年，感恩启智过去五年对我的栽培，让我从一个初出茅庐的新教师逐渐成长为一个能被信任、被认可的专业教师。在这里，我遇到了一群志同道合的朋友，我们携手并肩、共同进步；我遇到了一群可爱的孩子，他们教会了我如何做一名有教育信念的好老师；我还遇到了一群真诚善良的家长，他们乐观积极，我们成为真正的朋友。所有的点滴聚沙成塔，让我怀揣着希望和梦想，坚定地在这条道路上探索前进。

十年风雨，十年成长；十年的辛勤努力，必将化作一路芬芳。带着最真挚的祝愿，祝福启智学校越办越好，开疆辟土，为孩子们建立一片新的学习天堂；祝福启智每一位教师幸福快乐，不忘初心，益以新创；祝福启智的孩子们健康成长，收获属于自己的有意义人生；祝福启智的家长们，愿你们的期待皆能如愿。风雨十载暑去冬来，风雨十载花开不败；愿下一个十年，启智再次谱写绚丽华章！

（四）美育教师——李婉宁

你改变不了一座山的轮廓，改变不了一只鸟的飞翔轨迹，改变不了河水流淌的速度，所以只是观察它，发现它的美就够了。

作为一名美育教师最重要的是在感知美的过程中发现学生的潜能，让我们的学生在美育实践中享受快乐，提高生活品质。在成为一名培智学校美育教师前，钢琴和舞蹈是我认识这个美好世界的潺潺流水，她们的柔和包裹着我，让我在乐章中舒展自己的美妙。因为爱上了这种美妙，逐渐成为喜好。机缘巧合下我成为一名美育教师，尽自己所能给学生提供丰富多彩的感知美的途径，发现他们各自的美好，个别化培养他们的爱好和特长。

备赛时顿悟——美育教育不是培养艺术家，它首先是培养人的教育。我与学生是共同进步的，在进行美育教学时，观察学生成长是我成就感和自省的源泉，他们发自内心最原始的感知与反馈深深感染着我，仿佛是黑夜中那一分热，那一抹光。

感谢在感知美的过程中我发现了学生的美好，也感谢他们给予我发现美的机会。

（五）广州好人——钱超云

作为一名教育工作者，从事特殊教育没有“桃李满天下”的荣耀，但在社会文明程度日益提高的今天，特殊教育越来越得到政府部门的重视和社会各界的支持。从2016年至今，我和团队成员的课题、课程、案例多次在省级和市级平台获奖，并发表论文多篇。2019年至今，我带领特殊学生参加广东省特奥足球周活动，获省级冠军；参加珠三角地区体育联盟田径比赛，获市级前八名；参加广东省旱地冰壶比赛，获省级二等奖。2020年至今，策划推出《“悦”运动》体育画册和《足下生辉》校本教材。2021年，我有幸被评为“广州好人”。

印度诗人泰戈尔说过：“花的事业是甜蜜的，果的事业是珍贵的，让我干叶的事业吧，因为叶总是谦逊地垂着她的绿荫。”希望自己永远就是那片绿叶，默默地垂着浓荫，把自己浓烈的爱献给为之自豪的教育事业。接下来，我将继续把教书育人当成终身事业，与全市教育者一起，不断擦亮广州市特殊教育品牌，以实现特殊儿童对美好生活向往的愿望作为奋斗目标，与团队共勉励、共奋斗。

（六）广州市优秀少先队辅导员——王雯琦

转眼已走过特教十载路，在精进自己的专业技能的同时，我先后担任或兼任多个岗位的多项工作。岗位在变，但“绝不放弃任何一个特殊孩子，努力为他们提供适宜的教育，让他们快乐且有尊严地生活”的教育理念与初心始终不变。

牢记使命，作为启智学校的一名少先队辅导员，作为一名党员教师，我一直牢记习近平总书记办好特殊教育的殷殷嘱托，在“悦生融智”的管理理念下，坚持五育并举、德育为先的原则，从“知、能、行”三大部分进行少先队思想教育。以实践体验为输入，以丰富多彩的功能性活动为输出，培养孩子们的体能艺能、道德修养。让孩子们在活动中学习知识，掌握技能，表达情感，为融入社会迈出坚实的一步。

不忘初心，我一次次见证了教育的美好与奇迹！看着孩子们从生活不能自理、伴有复杂情绪行为问题的“麻烦”娃，有的成为情绪稳定的“好照顾”；有的成为会准备晚餐的“好家人”；有的甚至能够参与社区服务，成为一名回馈社会的好公民。这看似简单的平常小事，却是我作为一名特教教师毕生追求的教育幸福。

第二节 学生发展

学生是学校发展的试金石。通过一年一度的成功案例评比活动，学校确实也涌现出让人欣慰的成功案例。虽没有桃李满天下的芬芳，却也有成长进步的喜悦。学生有的成功融入普校，有的考上职中，有的获得“龙鹰南粤优秀少年”称号，更多的是从不会走到会奔跑，从需要喂饭到独立进食，一个个学生成为独立、有尊严的人。

一、支持特殊儿童融入普通教学的成功案例

（一）麦麦同学

麦麦同学是2013 年入学启智学校的，启智学校教师在总结他的案例时回顾他的学习情况如下：

2013 年那个秋天，他入学了。白净帅气可爱的面孔上面是一个锅盖头，很是招人喜欢，每个路过的老师都要过来看看，哇，好可爱！小麦麦好可爱……

但是故事是这样的，他，进校门是要哭鼻子的；上课是坐不住的；午餐只吃妈妈做的芹菜香肠；午睡是没有这个习惯的；游戏是需要玩 4399 网页的；表情是机器猫的；张口就是广州地铁线路图……

生活自理方面，午睡时间由老师专门带其活动，根据其学习兴趣和爱好，安排绘画和了解广州地铁线路图。

思维训练方面，给予其一定时间体验 4399 网页游戏，做思维训练。

语言方面，利用机器猫语音录制情景社交语言，增加语言专项练习。

情绪情感方面，利用 4399 网页游戏进行情绪识别和模仿，在日常生活中利用图片和语言引导情绪的自我认知和重塑。针对麦麦在遇到不符合自己逻辑和认知的情况容易情绪失控的情况，增加挫折体验训练，通过提前预告挫折的方式，定期和非定期地制造师生间的冲突，逐渐过渡到生生冲突，最后过渡到社会人的冲突，以进行情绪失控的处理练习体验，进而发展良性情绪情感。

社交领域方面，主要是通过大课间的小组轮替、小组合作游戏等活动发展麦麦的人际调控能力。

以下是麦麦妈妈的感言：

时光飞逝，眨眼间，黄埔启智学校将要迎来十周年的校庆。

曾经那个坐不住，没有语言表达能力，情绪不稳定，对陌生地方完全接受不了的小男生，现在已经长大。

刚到启智学校的时候，孩子是完全不适应集体生活的，不愿意在教室里待，和身边同学也没有任何交流和互动，还经常哭，需要老师抱，各种不适应和问题行为频频出现。但是很快，孩子就被启智学校的老师们用专业的方法和耐心给调节过来了。

学校为学生安排了各种适合他们情况的课程，结合生活实际，从提高学生自身技能和生活能力出发，每个学期都为每个学生量身定制学习方案。通过家校结合，尽量对学生进行有效的干预。学校还会针对每个学生的兴趣爱好，培养他们的兴趣技能。大课间活动、每月的主题学习、沙盘、非洲鼓、足球队等，都是启智学校的特色教育课程。

孩子在启智学校学习的时间虽然不长，但是，很多以前没有具备的能力都在这里慢慢培养出来了。例如跳绳运动，在孩子刚进学校的时候，这项运动对于孩子来说简直就是一个完成不了的动作。从学期一开始，老师在每天的大课间时间，把跳绳拆分成几个步骤，跳高、甩绳、老师甩绳孩子跳、孩子甩绳老师跳，最后自己甩绳自己跳。从跳 1 下开始，一个学期下来，孩子可以连续跳 10 下。跳 10 下，听起来很简单，但是对于特殊孩子来说，是一个阶梯式的进步。

孩子从不愿意接受集体生活，到主动积极去学校上课；从只会不停重复别人的语句，到自己能用词语来表达自己的想法；从不愿意接触音乐，到学会看五线谱，懂一点乐理；从不会拿笔，到可以拿起笔来，简单描字；从学习的散漫到对知识的渴望。这些都是启智学校的老师们一步一步帮助孩子建立起来的，为他下一步能更好地融入普校学习打好坚实的基础。

转眼启智学校将迎来建校十周年的日子，虽然昔日的小男生已经离开，但是对曾经每日一起学习的同学们，相互之间的希望和祝愿是不变的。大家都有共同的心愿，就是希望每一个孩子将来都具有独立生活的能力。

祝福启智学校的各位学校领导和全体老师身体健康、工作顺利！祝愿启智学校的学子们学习进步！祝愿启智学校的明天更加美好，在特殊教育战线上永远健康持久地发展前进！祝愿老师在今后的教育工作中能取得更加喜人的成绩，帮助更多特殊儿童回归到社会。

以下是港湾小学六年级班主任颜璐老师的感言：

麦麦同学是二年级下学期转入我班的，4 年来，在老师们的关爱、同学们的帮助下不断成长、不断进步。

生活中，麦麦同学是个正直善良、活泼开朗、乐于助人的孩子。他喜欢找同学聊天，喜欢亲近老师，喜欢帮助老师做事情，喜欢帮助学习有困难的同学听写、默写，耐心教同学读英语。喜欢运动，是学校跳绳社团的成员，上学期还代表学校参加区的跳绳比赛呢！他的体育成绩很好，连续 2 年体能测试优秀，是班上 5 位优秀同学之一。他非常懂礼貌，不管在哪儿见到老师和同学都会热情主动问好。他还很善良，有爱心，会关心、安慰、鼓励受伤的同学。

学习上，他非常自觉，每天按时完成作业，从不需要老师操心。学习成绩优良，曾被评为“三好学生”“运动小达人”“光荣升旗手”等，是班上很多同学学习的榜样。但不知从何时起，他变成话痨了。

以下是港湾小学心理老师黄志丹老师的感言：

融合教育，提了许多年，我不是一名特教老师，不能虚伪地说我多能体会到特教的辛苦。但，今天我看到了我们学校融合教育下一个很成功的例子。

今早的升旗礼，让我有点小感动。我们的麦麦同学自信地站在舞台上，成为一名光荣的升旗手，做着感人而精彩的自我介绍。

他是一位来自星星的孩子，二年级的他从特殊学校转到我们学校随班就读。最初认识他，是在元旦会演舞台上那一句“跟着我左手右手一个慢动作”开始的。他甜美的声音吸引了我，了解后才发现他和其他孩子不一样。他文静，内敛，不太会与人交流，这可能与他表达不清晰有关。还记得第一次和他打招呼：

“麦麦同学，你好呀！”他惊讶地回答：“你，你，你怎么认得我？”他很无措地躲到他们颜老师的身后。其实我很想告诉他，是他的优秀让我认识了他。

麦麦同学是幸运的，正如他今天说的，他遇到了包容他的老师、接纳他的同学和一直坚持陪伴他的妈妈。我很想对他说，是他的善良与真诚，使他拥有了善良真心待他的老师和同学。

今天的他在台上大方自信，语言流畅，思路清晰。我看到当年在台上唱歌的孩子长大了。他是我至今为止看到的最成功的自闭症儿童随班就读的例子。相信今年六年级的他，到中学会越来越优秀。

不知道为什么，近年来自闭症或者孤独症的孩子越来越多，几乎每年都会有一两个和你擦肩而过。如果大家多点包容，多点接纳，多点爱护，那么相信我们会让更多的自闭症家庭看到光。

感恩遇见。

以下是麦麦同学的自我评价：

我是二年级时从黄埔区启智学校转学到港湾小学二（2）班的，感谢启智学校的老师帮助了我。我长大了，在后面这四年小学阶段的宝贵时光里，我积极为老师和同学们做了不少好事。

我每次到老师办公室第一件事就是问：“老师，有什么事情要帮忙吗？”然后就帮老师发作业，帮同学听写，教同学读英语。我英语成绩最好，对英语我有一种天生的语感，我特别喜欢上英语课，课堂上我是最积极的，只要老师提出问题，我都是第一个举手发言的，我朗读英语也是最大声的，别人不知道的知识点我全会，冼老师常常表扬我，让同学们向我学习。

但我也有不少缺点，每次上课我都喜欢说话，特别是在语文课上，我就是个话痨，常常需要老师提醒我。所以，我要尽快把自己的坏习惯改掉！

以下是同学们对麦麦同学的鼓励：

嘿，麦麦同学，四年相处，我认识了一个活泼开朗、乐于助人的你。你经常帮助同学听写，帮助老师发作业本。你的体育成绩很好，还是学校跳绳社团的一员。你学习很用功，英语成绩很好，获得过许多奖项，如“三好学生”“运动小达人”“光荣升旗手”等。

——钟同学

你是一个活泼开朗的孩子，你从二年级转学进来，为老师和同学们做了很多事。常常帮老师把语文作业写在黑板上，老师让你帮助学习有困难的同学，你都会很积极、很认真地帮忙，老师和同学们都很喜欢你。

——林同学

你是个很有礼貌的孩子，见到老师和同学都会热情打招呼，做了错事你会主动道歉。你学习很认真，从不缺交作业，英语成绩一直名列前茅，是我追赶的目标。英语课上，你的表现让许多同学望尘莫及，连冼老师也对你竖起大拇指。

——林同学

（二）在学优秀学生代表浩浩

浩浩，现为启智学校7班学生，是我们学校一名人人认识的“小明星”。老师的言传身教、父母的细心熏陶，在他的心里种下一粒健康向上的种子，使他茁壮成长为一名尊敬长辈、勤奋学习、团结同学、遵守社会公德、热心帮助他人的好少年。

在浩浩每天的日程计划中，除了完成学校布置的课业，还会帮助父母做力所能及的家务，如洗碗、倒垃圾、收拾餐桌等。打扫卫生，收拾衣柜、房间是浩浩周末的必修课，自己的事自己独立完成，今天的事今天做好。

在学校，浩浩认真学习，上课积极发言。他从老师的谆谆教诲中，不断塑造日益丰满的自我；在与同学们的交流学习中一起取长补短、一起进取。对于班集体的荣誉他倍加维护，只要是集体活动都会有他快乐的身影，只要是班集体的事情，他都会主动承担。同学之间的友谊他会特别珍惜，他经常与同学分享零食、日常趣事。在老师心目中他是好帮手，在同学心目中他是知心伙伴和学习榜样，他常常获得“文明之星”“班级小助手”等称号。

图 6－1　2019 年 12 月 31 日迎新活动上与米奇志愿者合影

图 6－2　2021 年 4 月参加学校第二届学生厨王争霸比赛获得“厨王”称号

同时，浩浩的兴趣爱好广泛。他积极参与学校举办的唱歌比赛、舞蹈比赛、绘画比赛，曾获得学校二三等奖的好成绩。他积极参加学校足球队、冰壶队、合唱队、舞蹈队、国旗班，每天在课余时间留校积极参与训练，争取代表学校外出比赛的机会。浩浩还积极担任了校少年邮局局长这一重要职位，在少年邮局的活动中积极配合，完成任务，获得好评。

丰富的课外兴趣爱好，让他能安排自己个人的活动，在这些活动中他既陶冶了情操，又增强了自信心。从原来的不敢、不愿，渐渐地对学习和生活充满了热情与自信，在与同学们的相互帮助中茁壮成长。

图 6－3　2019 年 11 月 13 日在学校运动会获奖

浩浩有良好的个人卫生习惯，讲究卫生；有良好的、礼貌的就餐礼仪，自理自立；能够自主地处理个人如厕事务，自尊自爱。在学校里，他尊敬师长，听从老师指令，亲近老师，接受老师的指导；友爱同学，与同学平等相处，互相帮助；在集体活动中，他分担力所能及的事务；同时也能遵守学校安全规则，远离危险。

浩浩热爱足球、热爱剪纸，他以自己的善良和热情为谱，奏响了一曲名为“悦美”的希望之歌。

以下是浩浩家长的感言：

浩浩是个懂得感恩生活和乐观阳光的人。

他虽为特殊人群，但并不特殊，虽没大作为，但算有小贡献。他乐观开朗，热爱生活，不给社会和家庭拖后腿。从不自卑的他，热爱唱歌、跳舞，常把快乐传递给身边的人，是家里的“开心果”。

在日常生活中，他并没因自身的问题而娇气，反而更努力地跟着姐姐弟弟一起学习分担家务活，实现各方面自理能力的提升。

他每次都积极主动参与邻居朋友的集体活动和游戏，主动跟认识的身边人问好……能得到大家的青睐，作为父母已经甚是欣慰了。

当你拖着在外工作后疲倦的身躯回到家，这娃会为你斟茶倒水，松腰掐背，这种孝顺和温暖让一身的劳累瞬间消失。

作为父母的我们，曾经一度为他的身体缺陷而伤心绝望，着实也心存愧疚，如今看到他身体健康，努力生活，开心快乐，足矣！

浩浩，妈妈想对你说：“上帝关了你一扇门，必定会给你留一扇窗。人要有一种伟大的欲望，还要有能够实现这种欲望的技能和坚忍，希望你可以过上自己想过的生活，健健康康，快快乐乐。”

二、融合项目案例

（一）启智荔园“爱心牵手同成长”融合活动

每学期初启智学校教师提前与荔园小学教师确认好荔园小学兴趣课堂开课时间，并且确认开课课程。然后征集家长意见、报名。再将参加活动学生的基本资料发给荔园小学教师。

启智学校老师建立家校沟通群，群里成员包括每个孩子的班主任老师、学校教导处主任以及参与活动的家长，方便教师和家长互动以及分享活动照片，让班主任老师知道孩子们的活动动态。每次参加活动后，家长会非常主动地在群里和大家分享活动照片，反响热烈。

2019 年 3 月 16 日，我校 4 名学生参加荔园小学植树节活动，学生非常开心。

图 6－4 参加植树节活动

2019 年 10 月 30 日，启智学校教师带领 3 位学生以及学生家长一起到荔园小学参加“中国少年先锋队黄埔区荔园小学第六次代表大会开幕式”活动。

图 6－5 参加荔园小学活动

以下是学生家长参与启智荔园“爱心牵手同成长”融合活动的感言：

我是启智学校学生小谭的奶奶。首先感谢校领导和各位老师及阿姨给这些特殊的孩子无微不至的关心和关爱。为了让孩子走出封闭校园，让孩子尽量和正常孩子融合，启智学校领导和教师为孩子搭建了“爱心牵手同成长”活动平台，丰富了孩子的学习内容，培养了孩子的学习兴趣。

小谭非常喜欢去荔园小学参加第二课堂，每到星期五，她会自己记着时间，提醒奶奶该带她去荔园小学了。小谭喜欢画画，在荔园小学也参加了绘画课，虽然画得不是那么理想，但每幅画她都非常认真地画，且专心听老师讲解。老师每每看到小谭疑惑的表情都会走到她的身边，耐心地指导她，在老师的指导下，小谭也在慢慢进步。

小谭在校园里还有自己的好朋友，每次小朋友都主动先牵着小谭一同到绘画室，然后才回自己的教室。在学期结束的时候，两人还互换礼物，小谭非常开心。我认为这个过程让孩子看到了外边不一样的世界。对于小谭来说，她走进这个新的校园收获了新的朋友，并且逐渐能主动和其他小朋友打招呼，课间有说有笑，涂色也能不出界了。这个活动让她又一次感受到了温暖，并让我们家长感受到了关爱。

小谭马上就要毕业了，即将离开她生命中最幸福的母校，离开可敬的领导、可亲的老师、可爱的同学，她最近老是问我们：“毕业了，我还能不能去学校？”孩子真是舍不得启智学校……

在此再一次感谢领导、老师、阿姨对小谭这九年的关心关爱。小谭从懵懂无知到开口说话，从什么都不会到可以写字读书，从手脚不协调到可以帮忙做家务，小姑娘长成大姑娘这个漫长的过程，让人感觉既艰难又欣慰。真的很感谢！

最后，祝启智学校越来越好，越来越有特色，走向胜利走向辉煌！

以下是荔园小学教师朱宇秀的感言：

为了发扬“尽所能 助他人”的精神，帮助特殊学生迈出校门，融入社会，尝试与正常儿童一起生活和学习，做到真正有意义的融合教育，黄埔区荔园小学与黄埔区启智学校于2016年12月28日的迎新年活动中一起启动了“爱心牵手同成长”的融合教育活动。此后的五年，两校交往频繁，合作举办了一系列的活动。

荔园小学邀请特殊儿童参与校园学习活动，如每周五的选修课，每一届的少代会、校运会、趣味运动会，每一次的读书节跳蚤书市、读书节闭幕式展演、科技艺术节系列活动等。另外，荔园小学招募有爱心、有意愿的孩子与家长签订“结对帮扶”协议，并让特殊儿童参与荔园小学学生的家庭生活，利用周末或节假日开展亲子活动，如爬山、植树、去图书馆等。五年来，参与活动的学生先后达20人次。

五年来，通过“爱心牵手同成长”活动，特殊儿童真正融入正常儿童的教育环境和教育过程中，既提升了特殊儿童的社会适应能力，又增加了他们的沟通协调能力。对于普通学生来说，他们接受了社会责任感的培养，学会了如何去接纳、关怀和自己不一样的同龄人。融合教育真正实现了共赢。

（二）启智学校与新港小学特奥融合足球队训练

为响应教育部和国家体育总局倡导的足球进校园的号召，全面贯彻阳光体育运动，鼓励学生走向操场、走进大自然、走到阳光下，积极参加体育锻炼尤其是足球运动，黄埔区启智学校组建了首支足球队，旨在校园内普及足球文化，并通过以点带面、结对子等多种形式慢慢壮大校园足球队的实力，从而挑选出一批精英去参加广州市融合足球活动和黄埔区融合田径运动会等多项赛事。通过足球训练，促进特奥运动员的生活适应能力发展、社会实践能力发展以及运动技能发展等，为他们将来回归普校或进入社会工作打下良好的基础。

为此，学校对训练项目做出了如下规划：

2018年度，能参加广州市特奥融合足球活动，给孩子们提供一个积极的、健康的平台，让孩子们通过运动得到康复、成长。

2019年度，能与融合伙伴多次进行外出训练，与普校孩子同参与、共成长。

2020年度，能与区域内或相邻区域内各特校进行足球活动交流，如一起训练或互相切磋，以团结身边的力量，扩大社交朋友圈。

2021年度，能多次获得广州体育学院足球技术团队或志愿者团队的支持，以增进孩子们的运动技能，让孩子们的运动技能突破瓶颈，继续进步。

2022年度，能面向广州，面向珠三角，甚至面向全国，在社会的积极支持下，增进社会对特殊儿童的了解关注，激发社会的关爱服务意识。同时，特殊儿童也能投入社会，服务社会，为社会贡献一分力量，如进入社区或公园，进行自己的足球才艺秀或呼吁社会的爱心人士一起来场友谊球赛等，起到进一步的推广、扩散和分享的作用。

在坚持不懈的训练下，学校足球队参加了多项赛事。如 2021 年，启智学校与新港小学特奥融合足球队参加了“广东省第四届特奥融合足球周活动暨第六届残疾人民间足球争霸赛”，这次活动不仅能给足球队员们带来一次丰富的外出比赛体验，还能让他们在将来有更多的机会到更大的平台展示学校学生风采，展示“悦文化”中的“悦运动”，充分体现学校办学理念。同时，作为拓荒者的我们，应当敢为天下先，在融合大时代的浪潮中抓住新的机遇，开辟新的征程。

图 6－6　2019 年新港小学学生在启智学校踢足球

图 6-7　2019 年启智学校与新港小学特奥融合足球队获奖

以下是新港小学黄奕贸老师的带队感言：

非常荣幸能成为融合伙伴的一员！黄埔区的融合训练和比赛让我看到了特殊儿童身上的高光时刻，感受到融合的力量。

比赛旨在为融合学校提供一个参与专业特奥融合足球比赛的机会，通过以赛代练的方式来推动结对融合学校组建融合足球队并开展日常训练，以推动特奥东亚区的足球水平。并在这个过程中为智力障碍运动员与融合伙伴提供和谐共处的环境，让他们在日常训练和比赛中共同学习足球技能，提高身体素质，培养领袖能力，同时增进友谊。

在比赛中，黄埔区融合足球队充分展示了黄埔区融合教育的成果，他们与来自珠三角各个融合足球队的伙伴们场上角逐，场下融合，展现自我，结识了伙伴，结下了友谊，心中充满了欢乐。融合活动让他们找到了自信，更好地融入社会生活，实现自己的梦想！

第三节　家长成长

通过悦家课程的开展，学校的家长活动模式受到了家长的欢迎；活动逐步解开了家长的教育困惑；缤纷的亲子活动进一步增进了家长和孩子的亲子感情，激发了家长参与的热情……家长通过悦家课程，共同体验、享受孩子成长的快乐，这也促使了家长的成长。以下是家长学校优秀学员小郑妈妈的学习总结：

我是二年级一班小郑的家长，在这里我首先代表家长们向各位领导、老师表示感谢，正是你们的谆谆教导、精心培育使得孩子们在学习上、思想上、行为上有很大的进步。下面我来谈几点自己的体会和认识。

一、用爱心、耐心鼓励帮助孩子树立自信心

自信心是非常重要的强大动力，让孩子以后有足够的勇气面对挫折、解决问题。通过和孩子互动，孩子有了“我能行，我能做好”的意识，打破了孩子之前胆小、不敢尝试新事物的状态，让孩子更加自信。培养自信心的过程很漫长，谢谢你们的爱心和耐心。比如以前很多运动器材小郑都不敢碰，自从进了学校，在老师鼓励和帮助下学会了骑车，现在胆子大了很多，像家里的滑板车也能滑得很好，去儿童公园也能玩很多运动器材了。

二、帮助孩子养成良好的行为习惯

1. 作息习惯

以前小郑都是很晚才睡，自从上学后，她的作息规律了很多，知道要早睡早起。

2. 个人卫生习惯

自从在学校老师教过要讲卫生，小郑现在从外面回来会主动用洗手液洗手消毒，吃东西前也会主动洗手。

3. 个人礼仪

自从上学后，小郑会表达感谢了，有时候我帮她完成她不能独立完成的事情，她会说谢谢妈妈。

4. 饮食习惯

小郑一直不喜欢喝水、吃蔬菜，现在愿意喝水、吃蔬菜了。

5. 节约习惯

在老师的教育培养下，小郑吃饭时，能把碗里的食物吃干净，不浪费。

习惯的养成不是一朝一夕的事，是一个不断重复、修正、强化的过程。这真的需要老师和阿姨从生活的点点滴滴、方方面面时刻提醒、时刻督促。

三、生活自理能力提高了

（1）放学回家后能帮忙择菜、扫地拖地、帮妹妹整理玩具。

（2）能更加熟练地自己上厕所、洗澡、穿衣服鞋子。

（3）在学校老师的教育下学习做营养早餐（牛奶水果燕麦），学会了黄埔名菜（丹水菜远白皇子）。

（4）能把自己的衣服、被子叠整齐。

四、认知能力提高了

通过在学校的学习，小郑现在见到水果、蔬菜、肉类、生活用品都能准确地说出名称来，需要什么东西也能清楚地说出来。

五、语言能力提高了

以前小郑只会示意，现在要吃东西、喝水、上厕所都会准确表达出来，说话的意愿也增强了；以前只会说几个字，现在能说简单的句子了，也会数更多的数字了。

六、动手能力增强了

在学校老师教绘画手工，节日也会发一些手工作品让孩子带回家做。像这次端午节发了龙头手工作品，家长带着孩子一起做，培养了孩子的动手能力，也让他们了解传统的节日文化，知道端午节会吃粽子、划龙舟，同时也增进了亲子间的互动。

七、兴趣的培养

小郑很喜欢跳舞，在学校老师的培养下，能够根据音乐跳出完整的舞蹈动作，也在老师的建议下每周都去广州市青少年宫系统学习舞蹈。

八、社会实践

通过社会实践，小郑坐车会独立刷公交卡，去外面吃饭知道拿菜单点菜。

九、师生有爱互动

老师用平和的心态与孩子们交朋友，时刻了解孩子们的喜怒哀乐。孩子们也喜欢老师，和老师一起玩一起笑。

以上几点是我个人的一点认识，不妥之处，请各位领导、老师和家长批评指正，谢谢大家！

以下是2022届毕业生小姚家长的感言：

转眼到了小姚毕业的时候，心中突然升起好多感慨，思绪也被带到了十年前。

黄埔区启智学校刚成立时，我们一家就赶到学校来咨询。犹记得那是一个阳光明媚的上午，曾伟冰校长和邹萍老师在校门口接待了我们，解答了我们的疑问。不过因为启智学校刚成立，我们最终选择了观望，替小姚选择了文船小学。小姚进入文船小学一年级后，班主任反馈她完全跟不上学习的进度，与同学们的互动交流也很少，于是，我们又去启智学校考察，亲自观察孩子们上课的情况。印象最深刻的是，有个认识的孩子追问我："小姚怎么不来这里上学呢？我们在这里上学很开心，很好玩呀。"这句话让我下定决心帮小姚转学。于是，在二年级的时候，小姚来到了启智学校，很快，小姚喜欢上了这里。这里是属于他们的乐土，孩子们的交流是那么自然。语言虽然简单，却能表达出相互之间纯朴的友谊。看得出，他们是开心的，欢畅的，自信的。

黄埔区启智学校设计了各种各样的活动丰富学生的校园生活，有唱歌与跳舞，有武术与足球，还有种菜与手工等。疫情爆发之前，我们家长早上可以送孩子进校园，观察孩子在学校的情况，向老师了解孩子的情况，老师还会帮家长解答家庭教育中产生的疑惑。

我记得最开心的事，是每个学期都有春游或秋游活动。老师与家长带上孩子欢快地登上旅游大巴，到了目的地，大家在老师和义工的指挥下一起做游戏，有接力滚气球，扔沙包比赛，玩得哈哈大笑。午餐大家分享自带的美食，俨然是一个大家庭的聚会，其乐融融。记得在一次游玩的时候，邹萍老师的裤子不小心弄湿了，小姚当时穿着一条裙子，下面还穿了一条紧身长裤，邹老师故意跟小姚说："邹老师好想借你的裙子穿呀。"小姚马上拒绝了。现在回想，作为妈妈，应该有更好的方式去引导孩子沟通。

美好的时光总是短暂的，十年的快乐时光，已经在孩子的世界留下了美好的回忆。一切都在变化之中，唯一不变的是我们要不断学习成长。老师在不断变化，蔡浔老师由一个阳光小伙变成了头发半白的“智慧长者”。孩子们也在不断变化，毕业的孩子们有的找到了心仪的工作，有的进入了工疗站。新的孩子每年也在不断地加入。

特别感谢启智学校的全体老师与义工团队的坚守，是他们给了孩子们信心，为家长们腾出了喘息的时间，也感谢来自四面八方的爱心人士与公司团队的支援，他们经常给孩子们带来礼物，让家长们感受到温暖。我们在这里收获了关爱，走出启智，我也会传递这种爱，走向积极、乐观、勇于承担的光明人生。

从家长的字里行间，他们的艰辛不易被看见，但他们的快乐被记录下来了。这是对启智学校的最大认可，也将成为启智人的教育动力。“提供有效的学习机会，以利未来独立生活”，未来学校将坚守初心，益以新创，继续前行，为特殊儿童建筑更美好的成长园地。

参考文献

[1] 王罕哲. 马克思实践哲学研究 [D]. 哈尔滨：黑龙江大学，2016.

[2] 张春海，王悦悦，叶丽. 习近平总书记关于幼儿教育重要论述的思想探源、内涵及时代价值 [J]. 现代教育科学，2021 (5)：60 - 65.

[3] 宋丽斌. 幼儿教育重在促进人的全面发展 [J]. 牡丹江师范学院学报（哲学社会科学版），2000 (1)：97 - 98，102.

[4] 颜军，张春和. 人文关怀是马克思主义人学理论的基本维度 [J]. 求索，2011 (8)：93 - 95.

[5] 王培峰. 马克思主义人学视阈中的残疾儿童少年与教育 [J]. 教育学报，2010，6 (6)：28 - 33.

[6] 李志宇，原燕.《3 - 6 岁儿童发展评估工具》的研制与应用 [J]. 教育理论与实践，2016，36 (32)：27 - 30.

[7] 李松靓. 3 - 6 岁幼儿发展评价体系研究 [J]. 当代教育实践与教学研究，2018 (9)：45 - 47.

[8] 朱旭东，李秀云. 幼儿五大领域发展与幼儿全面发展之辩：兼论幼儿全面发展本体论意义上的概念建构 [J]. 教育发展研究，2021，41 (E2)：1 - 8.

[9] 教育部基础教育司. 中小学德育工作指南实施手册 [M]. 北京：教育科学出版社，2017.

[10] 莫雷. "德性内生"是德育心理学的一个重要命题：李季教授《德性内生：论儿童品德的自我建构》点评 [J]. 中小学德育，2012 (1)：23 - 24.

[11] 李季. 德性内生：论儿童品德的自我建构 [J]. 中小学德育，2012 (1)：19 - 22.

[12] 姚建军，师蔷薇. 审美教育与人的全面发展 [J]. 理论视野，2015 (1)：81 - 83.

[13] 朱锦东. 新时代文艺促进人的全面发展问题研究 [J]. 艺术评鉴，2019 (3)：144 - 159.

[14] 崔洁，贾洪洲，刘超，李琳. 基础教育体育与健康课程改革的理论基础及其体现 [J]. 北京体育大学学报，2019，42 (3)：121 – 129.

[15] 王坤，潘绍伟. 人的三种属性与体育与健康课程的学习领域目标 [J]. 南京体育学院学报（社会科学版），2005，19 (3)：40 – 43.

[16] 孙诗夏. 心理健康观的重构及对心理健康教育工作的启示 [D]. 长沙：湖南师范大学，2020.

MPR 出版物链码使用说明

本书中凡文字下方带有链码图标“══”的地方，均可通过“泛媒关联”App的扫码功能或“泛媒阅读”App的“扫一扫”功能，获得对应的多媒体内容。

您可以通过扫描下方的二维码下载“泛媒关联”App、“泛媒阅读”App。

“泛媒关联”App 链码扫描操作步骤：

1. 打开“泛媒关联”App；
2. 将扫码框对准书中的链码扫描，即可播放多媒体内容。

“泛媒阅读”App 链码扫描操作步骤：

1. 打开“泛媒阅读”App；
2. 打开“扫一扫”功能；
3. 扫描书中的链码，即可播放多媒体内容。

扫码体验：

扫一扫